meathebook

하루에 끝장내기 경영학

경영과학/운영관리편

전수환

출제경향

1. 출제분야

경영학은 크게 <인사/조직/전략>, <마케팅>, <경영과학/운영관리>의 3개의 분야로 분류되며, 각 분야의 세부 내용들은 아래의 표와 같다. 먼저, <인사/조직/전략> 분야는 경영학의 전통적인 영역으로 주로 조직 내부의 인간의 문제와 조직구조, 전략 등의 분야를 다룬다. 그리고 <마케팅> 분야는 제품·서비스의 개발에서 판매 그리고 소비자의 구매의사결정에 영향을 미치는 제 이론을 다룬다. 마지막으로 <경영과학/운영관리> 분야는 최적의 의사결정과 기업의 생산시스템을 관리하는 문제를 다룬다. 각 분야에 속한 세부 내용은 아래의 표를 참고하기 바란다.

분야	과목명
인사/조직/전략	경영일반, 조직행동, 조직이론, 인적자원관리, 전략경영
마케팅	마케팅관리, 소비자행동, 마케팅전략, 마케팅조사
경영과학/운영관리	경영과학, 운영관리

2. 분야별 출제 비중

출제비중은 <인사/조직/전략> : <마케팅> : <경영과학/운영관리> = 1 : 1 : 1이다. 최근 10년 간 분야별로 각 8문제씩 동일하게 출제되고 있다.

지난 10년 간 분야별 출제비중

	2013	2014	2015	2016	2017	2018	2019	2020	2021	2022
경영과학/운영관리	8	8	8	8	8	8	8	8	8	8
마케팅	8	8	8	8	8	8	8	8	8	8
인사/조직/전략	8	8	8	8	8	8	8	8	8	8

(1) 인사/조직/전략

2013년 이후의 출제경향을 보면, 인적자원관리(human resource management)와 조직행동(organizational behavior)이 가장 많이 출제되고 그 다음은 조직이론(organization theory), 전략경영(strategic management), 경영일반(general management)의 순으로 출제문항 수가 점점 줄어든다. 인적자원관리는 매년 3~4문제 출제되는데, 이 부분에서는 보상관리(기본급, 인센티브, 복리후생)가 가장 출제비중이 높고, 그 다음은 직무관리(직무분석, 직무평가, 직무설계) 분야이다. 확보관리에서는 선발도구의 신뢰성과 타당성이 자주 출제된다. 최근에는 '평등고용기회'와 관련한 이슈도 자주 출제되고 있어 이 분야의 내용도 학습이 요구된다. 그리고 조직행동은 매년 3~4문제 출제되고 있는데, 개인차원에서는 동기부여(motivation)가 가장 출제비중이 높고 집단차원에서는 리더십(leadership)이 가장 출제비중이 높다. 동기부여와 리더십은 매년 거의 1문제씩 출제된다. 조직이론은 매년 1문제 정도 출제되는데 기본적인 조직관련 내용이 출제되고 있다. 전략경영은 상대적으로 비중이 낮은 사업포트폴리오분석, 산업구조분석, 전사적 수준의 전략, 가치사슬 등의 개념을 위주로 학습하면 되겠다. 경영일반은 최근 6년간 출제된 적이 없다.

인사/조직/전략 분야의 주요 과목들과 출제 문항 수 (총 8문항)

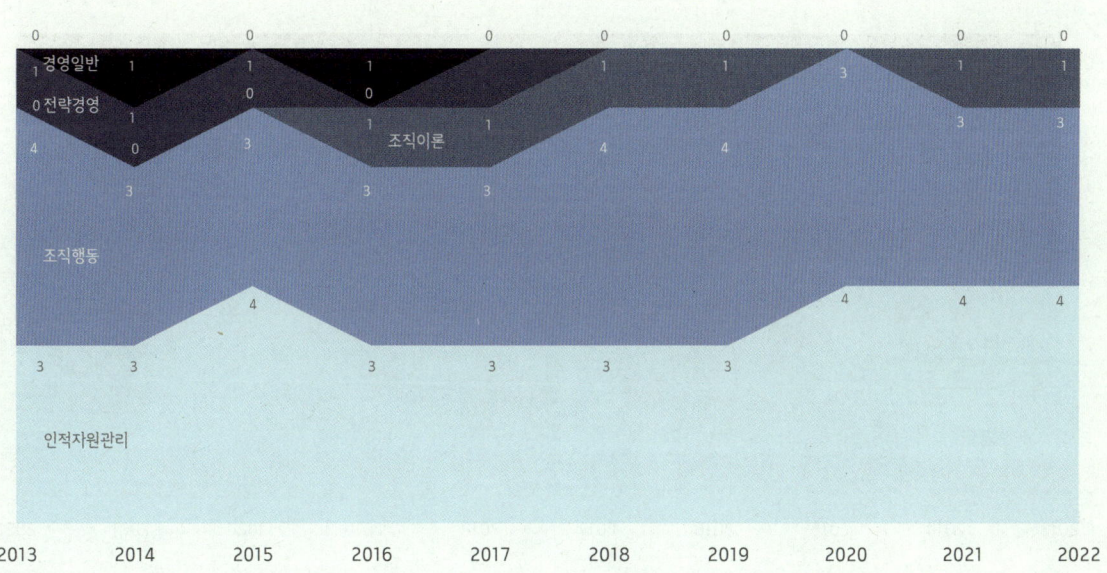

(2) 마케팅

최근 10년 간 <마케팅> 분야는 과목별로 고르게 출제되고 있다. 그러나 출제되는 문제들의 내용은 과거와는 많이 다르다. 내용 자체가 어려운 것은 아니지만 범위가 확대되었고, 간혹 계산 문제도 출제가 되다보니 수험생이 체감하는 난이도는 올라갔다고 봐야할 것이다.

<마케팅> 분야에서 가장 중요한 부분은 마케팅믹스(=제품+가격+유통+촉진)이다. 이 부분에서 <마케팅> 전체의 50% 정도가 출제되므로 학습의 중심이 되어야 한다. 두 번째로 중요한 부분은 소비자행동(consumer behavior)이다. 소비자행동은 단일 과목으로 마케팅에서 가장 많이 출제되며, 평균적으로 매년 2문제 가량이 출제된다. 2020년에는 특이하게도 5문제 출제되었다. 이 과목은 최근 새로운 이론이나 개념들이 많이 출제되고 있어 과거보다는 어렵게 느껴질 수 있다. 마케팅 전략과 마케팅 조사도 최근 10년 간 거의 매년 빠지지 않고 출제되는데, 마케팅조사는 조사와 관련된 통계적 지식의 필요성이 조금씩 더 강조되고 있는 추세이며, 마케팅전략 분야는 과거에 자주 출제되던 STP(segmentation, targeting, positioning)에 추가적으로 새로운 마케팅 기회를 포착하기 위한 시장분석과 경쟁자 분석 등도 시험에 자주 출제되고 있다.

마케팅 분야의 주요 과목들과 출제 문항 수 (총 8문항)

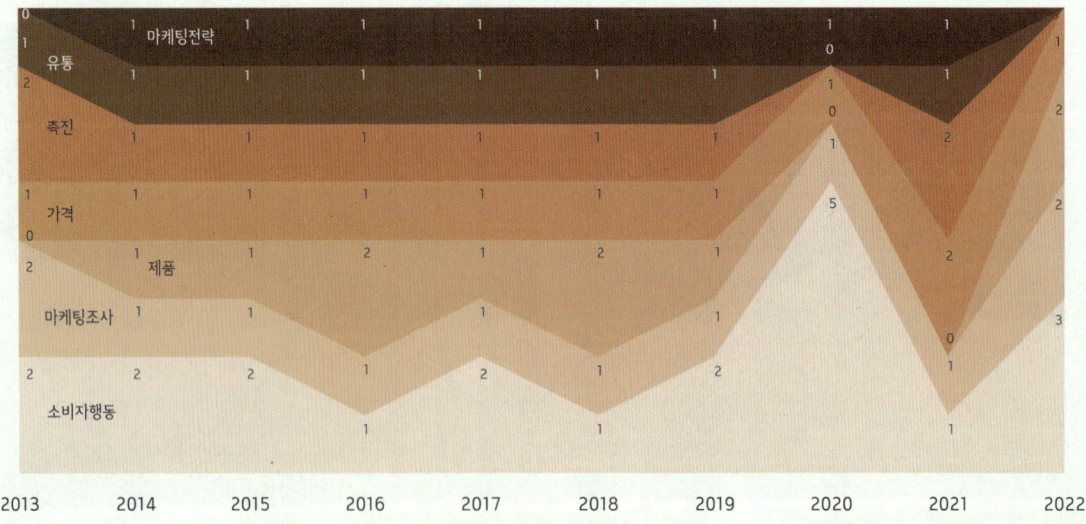

(3) 경영과학/운영관리

<마케팅> 분야와 더불어 기출문제의 내용면에서 변화가 가장 많은 것이 <경영과학/운영관리>이다. 이는 아마도 한정된 범위 내에서 반복적으로 출제가 이루어지다보니 문제를 만들기도 어렵고, 시험의 난이도 조정도 어려워지면서 미출제된 곳에서 문제가 많이 출제되면서 생겨난 변화로 생각된다. 그러나 출제비중은 최근 10년 간 거의 유사하다. 최근 이 분야의 큰 특징은 계산 문제나 계산을 요하는 보기가 과거보다 더 많이 출제되고 있다는 것이다. 이런 문제들은 개념적 문제보다는 시간이 더 소요되므로 편하게 풀 수 있도록 대비하는 학습이 필요하겠다.

이 분야에서 자주 출제되는 과목들은 경영과학, 생산능력관리, 재고관리 등이다. 최근 경영과학(management science)은 예측(forecasting)과 관련한 개념적 문제나 계산 문제들이 자주 출제된다. 또한 생산능력관리는 라인균형 문제가 자주 출제되고 있으며, 재고관리는 최근 확정적 재고관리 모형보다는 확률적 재고관리 모형이 출제가 많이 되고 있다.

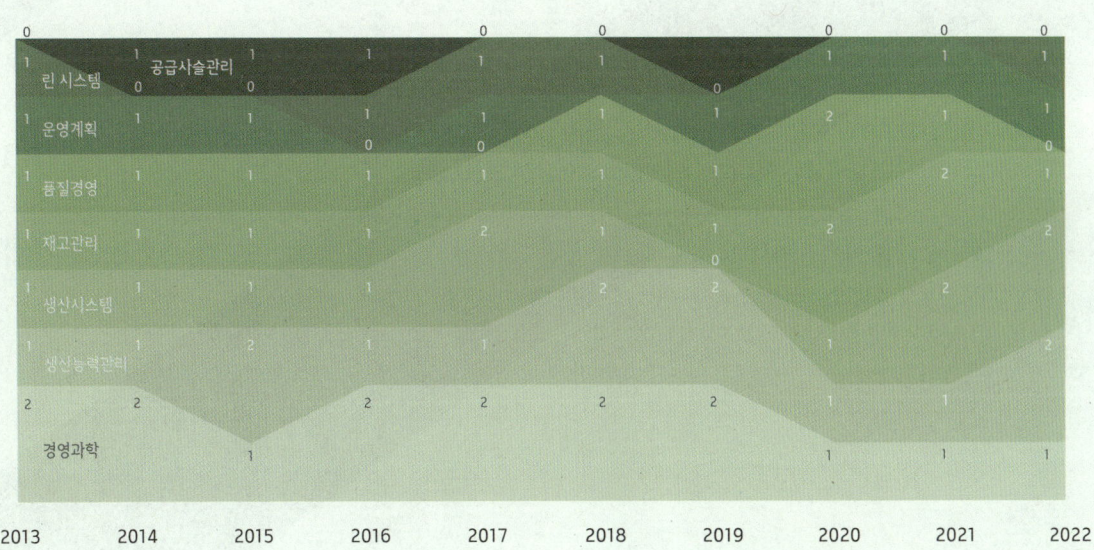

경영과학/운영관리 분야의 주요 과목들과 출제 문항 수 (총 8문항)

1. 경영과학	8
2. 생산시스템과 프로세스 관리	28
3. 품질경영	48
4. 생산능력 관리	72
5. 공급사슬관리	90
6. 재고관리	110
7. 운영계획과 자원계획	140
8. 린 시스템 설계	156
부록 1	170
부록 2	171

01 경영과학

1. 선형계획법

(1) 기본구조

선형계획법(linear programming)의 모형은 결정해야 할 변수 및 이미 정해진 매개변수로 구성된 의사결정 변수(decision variables), 목적함수식(objective function), 제약식(constraints)으로 구성

(2) 풀이방법

> 1단계: 제약식을 그린다.
> 2단계: 실행가능영역을 찾아낸다.
> 3단계: 목적함수를 그린다.
> 4단계: 눈으로 해를 찾는다.
> 5단계: 대수적으로 해를 찾는다.

(3) 해찾기 요약

최대화 문제

기울기	제약식 1 < 목적함수 < 제약식 2	제약식 1 < 제약식 2 < 목적함수	목적함수 < 제약식 1 < 제약식 2
최대값	제약식의 교점	실행가능영역의 X절편	실행가능영역의 Y절편
예			

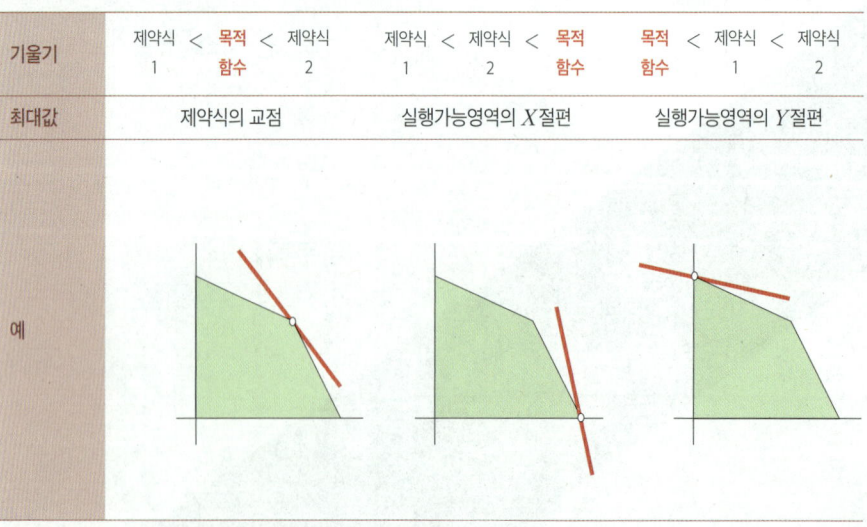

※ 단, 제약식이 위 그림과 같이 표시될 때만 가능함

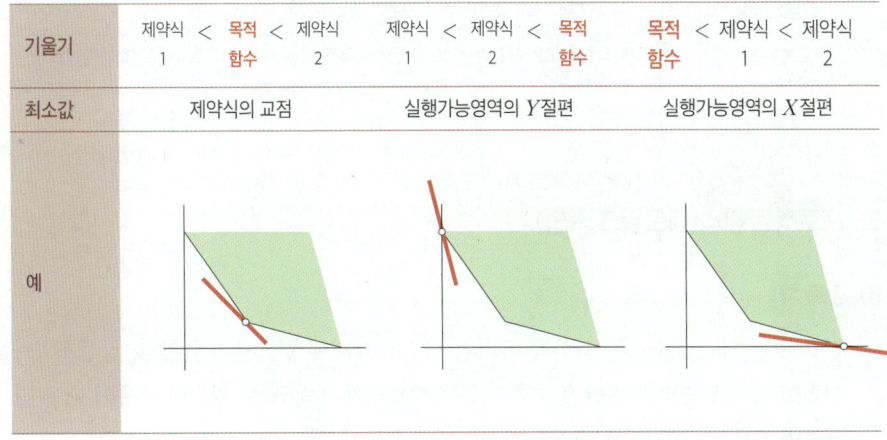

※ 단, 제약식이 위 그림과 같이 표시될 때만 가능함

(4) 민감도 분석

일반적인 선형계획법 모형은 암묵적으로 매개변수(parameter)가 확정적으로 주어져 있다는 것으로 가정하나 현실적으로 이들 매개변수는 변화할 수 있기 때문에 매개변수의 변화가 최적해에 미치는 영향을 분석하는 것을 민감도 분석(sensitivity analysis)이라고 함

(5) 할당모형

할당모형(assignment model)은 작업이나 작업요소를 자원에 할당하는 상황에서 활용할 수 있는 특수 목적 선형계획 모형으로, 대표적인 예는 기계나 작업자에게 작업을 할당하거나, 수리공에게 고장난 기계를 할당하는 것임. 기본 아이디어는 작업과 자원의 최적 결합을 도출하는 것인데, 흔히 사용되는 기준은 비용, 이익, 효율성 그리고 작업성과임

(6) 수송모형

수송모형(transportation model)은 공장이나 창고와 같은 여러 출발지에서 소매상과 같은 여러 목적지로 가는 제품들을 배에 실어 보낼 수 있는 항로 중 가장 비용이 적게 드는 경로를 결정하는 방법

(7) 특수한 선형계획법

특수한 선형계획법

구분	내용
정수 계획법 integer programming	최적해로 정수만이 허용되는 확정적 수리모형으로, 일반적인 선형계획법의 모형에 하나의 제약식을 추가하여 최적해가 정수가 되도록 하는 기법
목표계획법 goal programming	목적함수에서 목표하는 하나 이상의 목적(objective)을 고려하는 선형계획법의 변형된 형태

2. 프로젝트 관리(네트워크 기법)

(1) 간트 차트

간트 차트(Gantt chart)는 과학적 관리법 시대에 개발된 것으로 부하할당, 일정계획과 실적비교, 진도관리를 위한 일정통제 등에 다양하게 활용될 수 있으며 적용이 매우 간단하여 프로젝트에서도 일정계획과 통제에 적용될 수 있는 체계적인 방법임

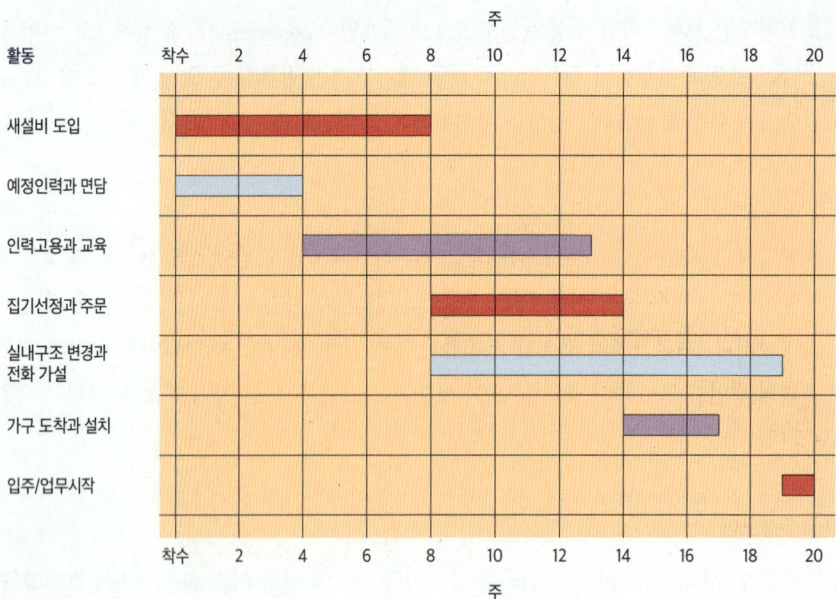

간트 차트 사례

(2) PERT/CPM

1) 핵심 아이디어

프로젝트의 각 활동들을 네트워크화된 도형으로 표시하고 가장 오랜 시간이 소요되는 경로 즉 주경로(critical path)를 찾고, 주경로가 지연되지 않도록 관리한다는 것. 만약 주경로가 아닌 다른 경로의 경우라면, 전체 프로젝트를 지연시키지 않는 범위 내(활동 여유시간: slack time)에서의 지연은 무방함. 주경로에 대해서는 활동여유시간(slack time=0)이 존재하지 않음

2) 활동소요시간 추정

CPM(critical path method)은 활동소요시간이 확정적이나 PERT(program evaluation & review technique)는 베타(β)분포를 따름. 베타분포에서 작업을 마치는데 기대되는 시간(t_e)은 다음과 같이 추정됨

① **낙관적 소요시간** : 최적의 조건 아래에서의 작업 수행 시간으로 t_o로 표현됨
② **비관적 소요시간** : 최악의 조건 아래에서의 작업 수행 시간으로 t_p로 표현됨
③ **최빈 소요시간** : 가장 흔히 걸리는 작업 수행 시간으로 t_m으로 표현됨

$$t_e = \frac{t_o + 4t_m + t_p}{6}$$

3) 프로젝트 소요시간 단축

프로젝트 관리자들은 활동 소요시간 단축(crashing)을 위해 다음과 같은 정보를 가지고 있어야 함
① 각 활동에 대한 정규 시간과 단축된 시간에 대한 추정
② 각 활동에 대한 정규 비용과 단축되었을 경우 원가에 대한 추정
③ 주공정 상에 있는 활동들의 리스트

4) 일정계획의 수립

주경로(critical path)는 프로젝트의 완료시간을 결정하기 때문에 프로젝트 관리자는 주경로에 초점을 맞춰야 함. 그러나 프로젝트는 1개 이상의 주경로를 가질 수 있음

5) 활동여유시간

활동여유시간(slack time)은 전체 프로젝트의 시간을 지연시키지 않으면서 어떤 활동이 지연될 수 있는 최대의 시간을 말함. 주경로 상에 있는 활동들은 여유시간이 0임. 프로젝트 관리자는 여유시간이 없거나 아주 작은 활동들의 진행상황을 지속적으로 감독하면서 전체 프로젝트의 일정을 맞추기 위하여 독려해야 할 활동들을 식별할 수 있음. 활동여유시간은 각 활동별로 다음의 4가지 시간치를 이용하여 계산됨

프로젝트의 시작시간과 완료시간

구분	내용
가장 빠른 시작시간 ES : earliest start time	직전 선행활동의 가장 빠른 완료시간과 동일함. 직전 선행활동이 여러 개일 때의 ES는 선행활동의 가장 빠른 완료시간 중에서 가장 늦은 것과 같음. 전체 프로젝트의 경과시간은 주경로상의 마지막 활동의 EF로 결정함
가장 빠른 완료시간 EF : earliest finish time	가장 빠른 시작시간과 예상소요시간 t의 합임 즉 $EF = ES + t$
가장 늦은 시작시간 LS : latest start time	가장 늦은 시작시간은 가장 늦은 완료시간에서 예상소요시간을 뺀 값임 즉, $LS = LF - t$
가장 늦은 완료시간 LF : latest finish time	가장 늦은 완료시간은 직후활동의 가장 늦은 시작시간과 같음. 직후 활동이 여러 개 있으면 LF는 직후 활동들의 가장 늦은 시작시간 중에서 가장 빠른 것과 같음

※ 가장 늦은 시작시간과 가장 늦은 완료시간을 얻기 위해서는 종료 활동으로부터 역순으로 계산함. 먼저 프로젝트의 가장 늦은 완료시간을 주경로 상의 마지막 활동의 가장 빠른 완료시간과 동일하게 정함

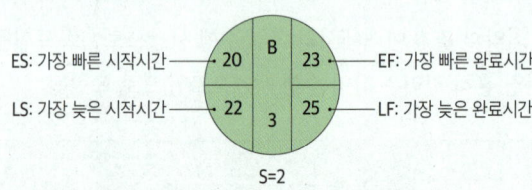

Questions on PERT/CPM

01 PERT는 프로젝트에 걸리는 시간이 확률적 형태를 가진다. 2000 CPA

02 PERT는 목적계획법의 발전된 기법이다. 2000 CPA

03 PERT는 일반적으로 파레토 기법을 이용하여 해를 구한다. 2000 CPA

04 PERT는 선형계획법의 특수한 형태이다. 2000 CPA

05 PERT는 프로젝트의 최단 경로를 구하는 기법이다. 2000 CPA

06 프로젝트 네트워크를 작성하고 분석하기 위해서는 활동들의 목록, 활동들의 소요시간, 활동들의 활동여유시간에 관한 정보들이 사전에 준비되어야 한다. 2008 CPA

07 프로젝트의 소요시간을 단축(crashing)하는 과정에서, 단축시간 대비 비용효과가 가장 큰 활동을 선택하기 위하여 주경로상의 활동들을 우선적으로 단축하여야 한다.
2008 CPA

08 주경로상에 있는 활동들의 활동여유시간은 모두 0이 되며, 주경로에 속하지 않는 활동들의 활동여유시간은 0보다 크다. 2008 CPA

09 프로젝트가 예상 완료시간에 끝나기 위해서는 모든 경로상의 활동들이 지체 없이 이루어져야만 한다. 2008 CPA

10 주경로(critical path)는 모든 경로들 중 소요시간이 가장 긴 경로를 의미하며, 하나 이상의 경로가 주경로가 될 수 있다. 2008 CPA

11 주경로 분석법의 단일시간 예측기법에서 다수의 선행활동이 필요한 활동 b를 수행하는 데 소요되는 시간은 3, 가장 빠른 시작시간 ES가 20, 가장 늦은 완료시간 LF가 25라고 할 때, 활동 b는 주경로(critica path) 상에 있다. 2010 CPA

12 주경로 분석법의 단일시간 예측기법에서 다수의 선행활동이 필요한 활동 b를 수행하는 데 소요되는 시간은 3, 가장 빠른 시작시간 ES가 20, 가장 늦은 완료시간 LF가 25라고 할 때, 활동 b의 선행활동인 활동 a의 가장 빠른 완료시간 EF(early finish time)는 20이다. 2010 CPA

13 주경로 분석법의 단일시간 예측기법에서 다수의 선행활동이 필요한 활동 b를 수행하는 데 소요되는 시간은 3, 가장 빠른 시작시간 ES가 20, 가장 늦은 완료시간 LF가 25라고 할 때, 활동 b의 여유시간(slack time)은 2다. 2010 CPA

14 주경로 분석법의 단일시간 예측기법에서 다수의 선행활동이 필요한 활동 b를 수행하는 데 소요되는 시간은 3, 가장 빠른 시작시간 ES가 20, 가장 늦은 완료시간 LF가 25라고 할 때, 활동 b를 가장 일찍 끝낼 수 있는 시간은 25다. 2010 CPA

15 주경로 분석법의 단일시간 예측기법에서 다수의 선행활동이 필요한 활동 b를 수행하는 데 소요되는 시간은 3, 가장 빠른 시작시간 ES가 20, 가장 늦은 완료시간 LF가 25라고 할 때, 전체 프로젝트의 완료시간을 지연시키지 않는 범위 내에서 활동 b의 가장 늦은 시작시간 LS는 23이다. 2010 CPA

16 비용효율적인 프로젝트 완료시간 단축을 위해서는 주경로에 있는 활동 중 단축비용이 가장 작은 활동부터 단축한다. 2014 CPA

17 복수의 주경로가 존재할 때 그 중 한 개의 소요시간을 단축하면 프로젝트 완료시간은 항상 단축된다. 2014 CPA

18 주경로에 있는 활동이 예상된 소요시간보다 지체될 경우 프로젝트 완료시간도 예정보다 지연된다. 2014 CPA

19 주경로에 있는 활동(activity)들의 소요시간을 합하면 프로젝트 완료시간과 동일하다. 2014 CPA

1	O	2	X	3	X	4	X	5	X	6	X	7	O	8	O
9	X	10	O	11	X	12	X	13	O	14	X	15	X	16	O
17	X	18	O	19	O										

➔ 다음장에 문제 계속

20 여유시간(slack time)이 '0'인 단계(event)들을 연결하면 주경로(critical path)가 된다. 2014 CPA

21 프로젝트의 완료시간을 계산하는 데 사용되는 도구는 PERT/CPM과 간트차트(Gantt Chart)이다. 2016 CPA

3. 의사결정

(1) 확률적 의사결정

1) 기대치(EV : expected value)

가능한 각각의 상황이 발생할 확률을 추정한 후 각각의 성과액에 해당 확률을 곱하여 계산

2) 기대기회손실(EOL : expected opportunity loss)

각 의사결정에 대한 기회손실의 기대치

※ 기대치로 구한 대안과 기대기회손실로 구한 대안은 항상 일치함

3) 완전정보의 기대치(EVPI : expected value of perfect information)

보다 나은 의사결정을 내리기 위해서 미래 상황에 대한 정보의 대가로 지불할 용의가 있는 최대 금액

> 완전정보의 기대치 = 완전정보하의 기대치 - 기존정보하의 기대치

(2) 비확률적 의사결정

비확률적 의사결정

구분	내용
MAXIMAX	가장 좋은 성과 중에서 가장 좋은 결과를 주는 대안을 선택
MAXIMIN	최소의 성과액들 중에서 최대의 성과(maximum of minimum)를 주는 대안을 선택
MINIMAX	최대의 기회손실을 최소화하는 의사결정(minimize the maximum regret) 대안을 선택
Hurwicz	각각의 결정 대안에 대하여 최대 성과액에 α를 곱하고, 최소 성과액에 $(1-\alpha)$를 곱하여 계산
Laplace	각각의 가능한 상황들에 동일한 확률을 적용

4. 예측

수요예측의 분류

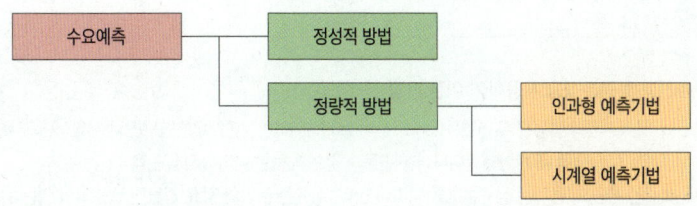

(1) 정성적 방법

정성적 예측 기법

기법	내용
시장조사법	대상시장에 대하여 설문지, 전화 또는 개별 방문을 통하여 자료를 수집하고 이에 기초하여 예측하거나 가설을 설정하고 검정
델파이법 Delphi method	미래 상황에 대하여 전문가나 담당자로 구성된 위원회를 구성하고 개별적 질의를 통해 의견을 수집하여 종합·분석·정리하고 의견이 일치될 때까지 개별적 질의 과정을 되풀이하는 방법
패널조사법	전문가, 담당자, 소비자 등으로 위원회를 구성하여 자유롭게 의견을 개진케 함으로써 결론을 유도하는 방법
판매원 추정법	주기적으로 판매원들이 수요추정치를 작성하게 하고, 이를 근거로 예측하는 방법
경영자 판단법	경영자 집단의 의견, 경험, 기술적 지식을 요약하여 단일 예측치를 얻는 예측방법

Questions on 정성적 방법

01 전문가 그룹에 대해 설문조사를 하는 델파이법은 대표적인 정량적(quantitative) 예측기법이다. 2006 CPA

02 델파이법은 예측에 불확실성이 크거나 과거의 자료가 없는 경우에 유용하며, 신제품 개발을 위한 예측에 사용된다. 2012 CPA

03 정량적 수요예측 기법에는 시장조사법(market research), 유추법(historical analogy), 시계열분석법(time series analysis), 인과분석법(causal analysis) 등이 있다. 2017 CPA

| 1 | X | 2 | O | 3 | X |

(2) 인과형 예측기법

대표적 인과형 예측기법인 회귀분석(regression)은 수요에 영향을 주는 요인들을 독립변수로, 수요를 종속변수로 하고 독립변수에 대한 함수로서 수요를 통계적으로 모형화한 것

1) 회귀분석

수요를 종속변수로, 수요에 영향을 미치는 요인들을 독립변수로 놓고 양자의 관계를 나타내는 회귀방정식(regression equation)을 도출한 다음, 독립변수들의 특정한 값이 주어지면 이를 회귀방정식에 대입하여 종속변수인 수요를 추정하는 기법

> **단순 선형 회귀분석을 사용하기 위한 가정**
> 첫째, 회귀선 부근의 변동은 우연변동(random variation)이어야 한다. 우연변동만 존재한다면 자료값을 그래프로 나타냈을 때 순환변동이나 추세변동과 같은 패턴은 나타나지 않는다.
> 둘째, 회귀선 부근의 편차는 정규분포를 따라야 한다. 회귀선 주위의 자료 값들이 집중되어 있는 반면 회귀선에서 멀어질수록 자료 값들의 분포비율이 낮다면 이는 정규성의 가정을 만족하는 것이라고 볼 수 있다.
> 셋째, 예측은 관측된 값들의 범위 내에서만 유효하다.

Questions on 회귀분석

01 인과형 예측모형에서는 수요를 여러 가지 기업환경 요인에 의해 나타나는 결과로 간주하는데 이 범주에 속한 대표적인 예측기법으로 회귀분석을 들 수 있다. 2003 CPA

02 인과관계(causal relationship)에 근거한 예측을 수행하기 위한 대표적인 도구는 다중회귀분석이다. 2006 CPA

03 단순회귀분석(simple regression analysis)에서는 회귀선 부근의 변동이 우연변동(random variation)이라고 가정한다. 2015 CPA

기타 인과형 예측기법

예측기법	내용
계량경제모형	일련의 상호 관련된 회귀방정식을 이용하여 각종 경제활동을 예측하는 기법
투입산출모형	각 산업부문 간의 제품이나 서비스의 흐름을 분석하여 수요를 예측하는 기법
선도지표법	예측하고자 하는 대상의 선도지표에 의해 수요를 예측하는 기법
시뮬레이션 모형	각종 내생변수와 외생변수에 대해 가정을 설정한 다음, 컴퓨터를 이용한 모의실험을 통해 수요를 예측하는 일종의 동적모형(dynamic model)임

(3) 시계열 예측기법

과거 수요패턴의 연장선상에서 미래의 수요를 예측하는 방법

1) 시계열의 구성요소

여러 가지 시계열의 구성요소

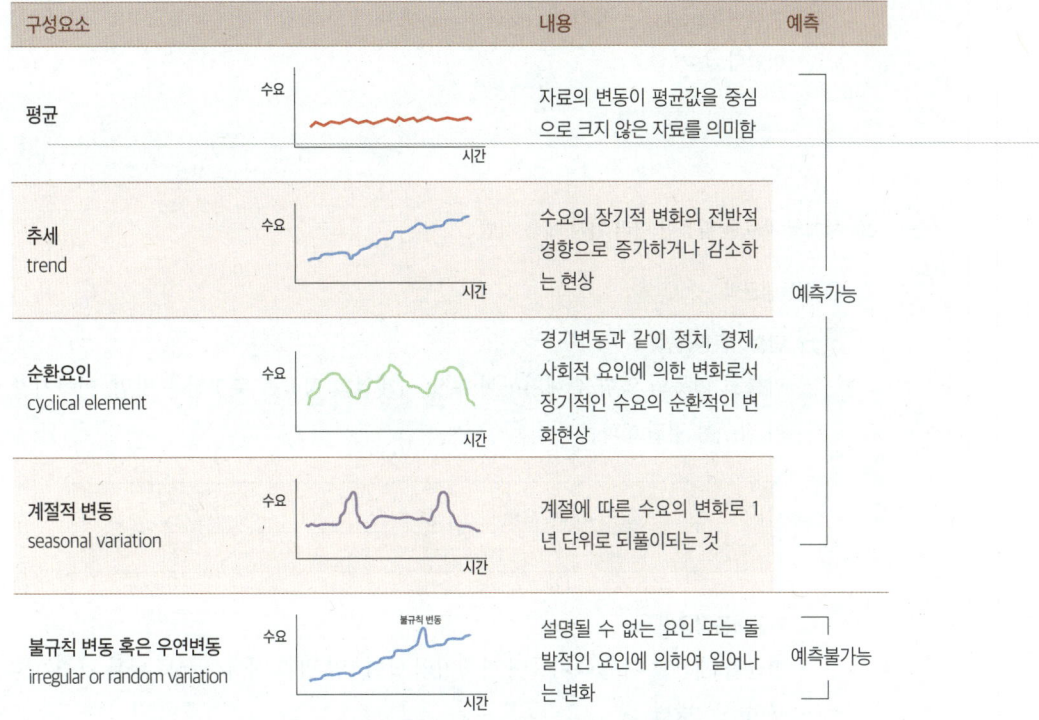

구성요소	내용	예측
평균	자료의 변동이 평균값을 중심으로 크지 않은 자료를 의미함	예측가능
추세 trend	수요의 장기적 변화의 전반적 경향으로 증가하거나 감소하는 현상	
순환요인 cyclical element	경기변동과 같이 정치, 경제, 사회적 요인에 의한 변화로서 장기적인 수요의 순환적인 변화현상	
계절적 변동 seasonal variation	계절에 따른 수요의 변화로 1년 단위로 되풀이되는 것	
불규칙 변동 혹은 우연변동 irregular or random variation	설명될 수 없는 요인 또는 돌발적인 요인에 의하여 일어나는 변화	예측불가능

Questions on 시계열 예측

01 시계열 수요자료를 분해하여 분석하는 목적은 자료에 내재되어 있는 임의변동(random variation)의 패턴을 분석하여 예측치에 반영하는 것이다. 2004 CPA

02 시계열 분석(time-series analysis)이란 특정 시점에서 수요에 영향을 주는 변수들을 구별해 내는 것이다. 2006 CPA

03 시계열 예측법은 과거의 수요패턴이 미래에도 계속 이어진다고 가정한다. 2015 CPA

04 시계열(time series) 자료의 변동요인에는 추세, 계절변동, 순환변동, 불규칙변동이 포함된다. 2015 CPA

05 일반적으로 단기예측보다는 장기예측의 정확도가 더 높다. 2017 CPA

06 수요는 평균수준, 추세, 계절적 변동, 주기적 변동, 우연 변동 등으로 구성되며, 이 중 우연 변동에 대한 예측 정확도가 수요 예측의 정확도를 결정한다. 2017 CPA

1	2	3	4	5	6
X	X	O	O	X	X

➜ 다음장에 문제 계속

07 시계열분석기법에서는 과거 수요를 바탕으로 평균, 추세, 계절성 등과 같은 수요의 패턴을 분석하여 미래 수요를 예측한다. 2018 CPA

08 순환변동(cycles)은 계절변동(seasonality)에 비해 보다 장기적인 파동모양의 변동을 의미한다. 2021 CPA

2) 시계열 자료를 활용한 여러 가지 예측 기법

① 이동평균법

㉠ 단순이동평균법

확률적 변동의 영향을 제거하여 수요 시계열의 평균을 추정하는 방법. 이동기간이 길수록 평활효과는 커짐

$$F_{t+1} = \frac{\text{최근 } n\text{기 수요의 합}}{n} = \frac{D_t + D_{t-1} + D_{t-2} + \cdots + D_{t-n+1}}{n}$$

㉡ 가중이동평균법

평균을 계산할 때 실측치들이 가중치의 합이 1인 범위 내에서 서로 다른 가중치를 부여하는 방법

$$F_{t+1} = 0.5D_t + 0.3D_{t-1} + 0.2D_{t-2}$$

② 지수평활법 exponential smoothing method

평균을 계산할 때 최근 수요에 더 많은 가중치를 부여하는 발전된 형태의 가중이동평균법으로, 다음 기의 예측치는 이번 기에 대한 예측치에 예측오차의 일정비율을 조정해 준 것

$$F_{t+1} = F_t + \alpha(D_t - F_t)$$

다르게 표현하면,

$$F_{t+1} = \alpha D_t + (1-\alpha)F_t$$

따라서 일반적으로는 다음과 같이 표현됨

$$F_t = \alpha D_{t-1} + \alpha(1-\alpha)D_{t-2} + \alpha(1-\alpha)^2 D_{t-3} + \cdots\cdots + \alpha(1-\alpha)^{t-2}D_1 + (1-\alpha)^{t-1}F_1$$

위 식을 보면 과거 정보의 중요성이 $(1-\alpha)$ 만큼 감소한다는 것을 알 수 있으며, 지수

평활법이라고 불리는 이유도 이 때문임. 따라서 지수평활법은 최근 자료에 높은 가중치를 부여하고 현재로부터 먼 과거자료일수록 낮은 가중치를 부여하는 예측방법이라고 할 수 있음

평활상수	$t-1$ α	$t-2$ $\alpha(1-\alpha)$	$t-3$ $\alpha(1-\alpha)^2$	$t-4$ $\alpha(1-\alpha)^3$	$t-5$ $\alpha(1-\alpha)^4$	합
0.1	0.1	0.09	0.081	0.0729	0.06561	0.40951
0.9	0.9	0.09	0.009	0.0009	0.00009	0.99999

위 표에서 보듯이 평활상수가 매우 작으면 최근 자료의 가중치 합이 0.40951로 상대적으로 작아서 먼 과거 자료도 예측에 반영되지만 반대로 평활상수가 매우 크면 최근 과거 자료의 가중치 합이 0.99999로 매우 커서 먼 과거 자료는 예측에 반영되지 않음

평활상수(α) 값에 따른 가중치의 변화

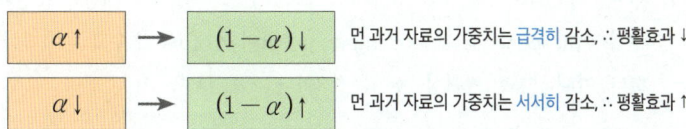

평활효과

평활효과(smoothing effect)란 그래프를 부드럽게(smooth out)하는 효과를 말한다. 지수평활법에서는 평활상수 α값이 클수록 예측치가 크게 계산되어 그래프가 급격하게 꺾이게 되므로 평활효과는 줄어들게 된다. 즉 평활상수 값이 작을수록 평활효과는 커지게 된다. 아래 그림은 평활계수가 0.3일 때와 0.7 일 때 그래프가 어떻게 차이나는지를 보여준다.

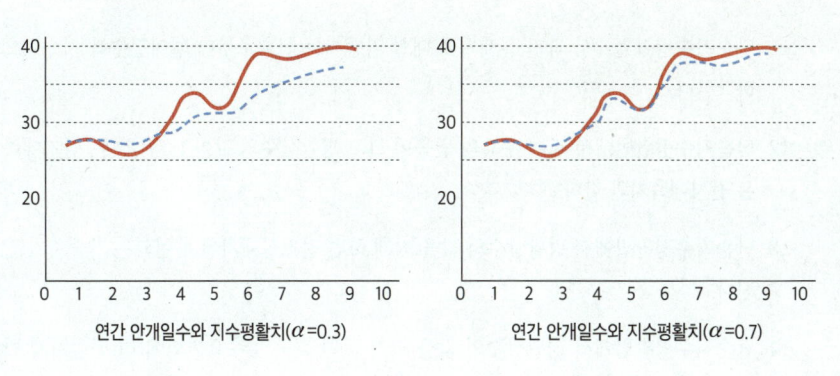

Questions on 단순지수평활법

01 단순지수평활법에서 평활상수(α) 0.9를 사용하면 평활효과가 매우 커진다. 2002 CPA

02 평활상수(α) 0.9의 단순지수평활법(simple exponential smoothing)을 사용하였다면 최근의 수요변화에 신속히 반응하는 예측모형을 사용하였다고 볼 수 있다. 2002 CPA

03 단순지수평활법(simple exponential smoothing method)에서 평활상수(smoothing parameter)가 크면 클수록 먼 과거 자료에 대한 가중치가 급격히 줄어들므로 평활효과가 증가하게 된다. 2003 CPA

04 지수평활법(exponential smoothing method)을 사용하면 예측치의 산정에 반영될 과거 기간의 수를 조절함으로써 예측의 정확성을 높일 수 있다. 2004 CPA

05 지수평활법은 중요한 원인변수들에 대해 가중치를 다르게 부여하는 정성적(qualitative) 예측기법이다. 2006 CPA

06 단순지수평활법(simple exponential smoothing)에서 평활상수 값이 클수록 최근의 자료를 더 많이 반영한다. 2012 CPA

07 K사는 작년 4분기 수요를 15만개로 예측하였으나, 실제 판매량은 13만개였다. 단순 지수평활법(exponential smoothing)을 사용하여 올해 1분기 수요를 예측하니 14만 4천개였다. 이때 사용한 평활상수(α)는 0.3이다. 2014 CPA

08 지수평활법(exponential smoothing)은 최근 자료에 높은 가중치를 부여하고 현재로부터 먼 과거자료일수록 낮은 가중치를 부여하는 예측방법이다. 2015 CPA

09 가중이동평균법(weighted moving average)의 일종인 단순지수평활법에서는 다음 시점의 수요예측치로 이번 시점의 수요예측치와 실제 수요의 가중평균을 사용한다. 2017 CPA

10 지수평활법은 최근의 수요일수록 적은 가중치가 부여되는 일종의 가중이동평균법이다. 2018 CPA

11 단순지수평활법에서 과거 실제치에 대한 가중치는 현재로부터 멀어질수록 지수적으로 하락한다. 2020 CPA

12 단순지수평활법에서 과거 수요의 변동이 크고 평활상수의 값이 1.0인 경우, 당기예측치는 전기예측치와 같다. 2020 CPA

13 단순지수평활법에서 평활상수의 값을 작게 하면 전기실제치에 부여되는 가중치가 작아진다. 2020 CPA

14 단순지수평활법에서 평활상수의 값을 크게 하면 최근의 수요변화에 더 민감하게 반응하고, 작게 하면 평활효과(smoothing effect)가 커진다. 2020 CPA

15 단순지수평활법에서 당기예측치는 전기예측치에 전기예측오차(전기실제치와 전기예측치의 차)의 일정 부분을 더하는 방식으로 계산한다. 2020 CPA

16 지수평활법에서는 오래된 자료보다 최근 자료에 더 큰 비중을 두고 수요를 예측한다. 2022 CPA

17 지수평활법(exponential smoothing method)에서 최근 수요 패턴의 변화를 빠르게 반영하기 위해서는 평활상수의 값을 줄여야 한다. 2022 CPA

1	X	2	O	3	X	4	X	5	X	6	O	7	O	8	O
9	O	10	X	11	O	12	X	13	O	14	O	15	O	16	O
17	X														

③ 추세조정 지수평활법 trend-adjusted exponential smoothing

시계열 자료에 선형의 추세가 있을 때 단순지수평활법을 사용하면 예측치는 시차를 두고 추세를 따라가게 됨. 이 경우 예측결과를 향상시키기 위해서는 추세값을 추정해야 하는데 이를 추세조정 지수평활법이라 함

$$F_{t+1} = A_t + T_t$$

$$A_t = \alpha(\text{이번 기 수요}) + (1-\alpha)(\text{평균} + \text{전기의 추세추정치})$$
$$= \alpha D_t + (1-\alpha)(A_{t-1} + T_{t-1})$$

$$T_t = \beta(\text{이번 기의 평균} - \text{전기의 평균}) + (1-\beta)(\text{전기의 추세추정치})$$
$$= \beta(A_t - A_{t-1}) + (1-\beta)T_{t-1}$$

단,
A_t = t기에 평활화된 시계열의 평균추정치
T_t = t기에 평활화된 시계열의 추세추정치
α = 평균을 계산하기 위한 0과 1사이의 평활상수
β = 추세를 계산하기 위한 0과 1사이의 평활상수
F_{t+1} = $t+1$ 기에 대한 예측치

Questions on 추세조정 지수평활법

01 추세조정지수평활법(trend-adjusted exponential smoothing)은 2개의 평활상수를 사용하며 단순지수평활법에 비해 추세의 변화를 잘 반영하는 장점이 있다. 2021 CPA

| 1 | O |

Q&A 추세조정 지수평활법

수젠은 혈액검사 전문기관으로 혈액검사에 소요되는 자재 구입과 검사장비의 용량 한계 때문에 혈액검사 수요 예측이 중요한 상황이다. 지난 4주간 평균 28명의 환자가 혈액검사를 요구했으며, 환자는 매주 3명씩 늘었다. 이번 주의 수요는 27명이었다. $\alpha=0.2$와 $\beta=0.2$를 이용하여 다음 주의 수요를 예측하라

Q&A

$A_0 = 28$명, $T_0 = 3$명, $D_1 = 27$명

1. 다음 주(F_2)의 수요 예측

$$A_1 = \alpha D_1 + (1-\alpha)(A_0 + T_0) = 0.2(27) + 0.8(28+3) = 30.2$$
$$T_1 = \beta(A_1 - A_0) + (1-\beta)T_0 = 0.2(30.2 - 28) + 0.8(3) = 2.8$$
$$F_2 = A_1 + T_1 = 30.2 + 2.8 = 33$$

2. 다음 주(F_3)의 수요 예측 (다음 주의 실제 혈액검사 요구량은 44라고 가정)

$$A_2 = \alpha D_2 + (1-\alpha)(A_1 + T_1) = 0.2(44) + 0.8(30.2 + 2.8) = 35.2$$
$$T_2 = \beta(A_2 - A_1) + (1-\beta)T_1 = 0.2(35.2 - 30.2) + 0.8(2.8) = 3.2$$
$$F_3 = A_2 + T_2 = 35.2 + 3.2 = 38.4$$

3) 계절적 영향의 반영

가법모형은 계절적 변동이 수요의 증가와는 상관없이 일정한 양만큼 변동하지만, 승법모형에서는 수요의 증가와 더불어 계절적 변동의 폭이 합산되면서 증가함

수요예측의 가법모형과 승법모형

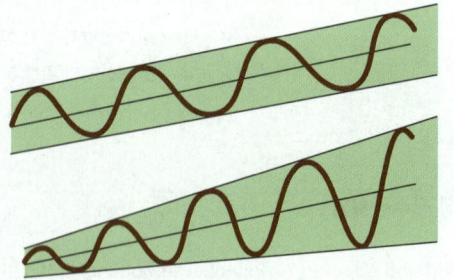

가법모형
수요=추세+계절적 변동

승법모형
수요=추세x계절지수

① **가법모형** additive model

가법모형은 수요가 얼마가 되든 계절적 변동은 언제나 일정하다고 봄. 따라서 가법모형의 계절적 변동은 수량(quantity)으로 표시되며, 수요를 예측하기 위해 평균수요에서 일정한 양만큼 더하거나 빼서 수요량을 예측함

$$\text{FITS} = \text{추세} + \text{계절적 변동}$$

② **승법모형** multiplicative model

승법모형에서는 수요의 증가와 더불어 계절적 변동의 폭이 합산되면서 증가함. 따라서 승법형의 계절적 변동은 수량이 아닌 비율(percentage)로 표현되며, 수요예측은 평균수요와 계절지수를 곱하여 계산함

$$\text{FITS} = \text{추세} \times \text{계절지수}$$

※ 여기서 계절지수란 시계열 값이 계절적 요인에 의해 추세로부터 변동하는 정도를 나타냄. 계절지수가 0.8이면 수요가 평균치보다 20% 작다는 것을 의미하고, 반대로 계절지수가 1.14면 수요가 평균치보다 14% 많다는 것을 의미함

Questions on 계절적 영향 반영

01 가법적 계절변동(additive seasonal variation) 분석에서는 수요의 평균치가 증가함에 따라 계절적 변동폭이 합산되면서 증가하는 것으로 가정한다. 2003 CPA

02 계절지수(seasonal index)는 계절변동을 반영하는 기법 중 가법모형(additive model)에서 사용되며 1.0 이상의 값을 갖는다. 2021 CPA

| 1 | X | 2 | X |

(4) 복수의 예측기법 사용

1) 조합예측

조합예측(combination forecasting)은 상이한 기법을 사용한다든지, 상이한 데이터를 사용하든지, 혹은 양자의 방법을 모두 사용하든지 해서 얻은 개별 예측치를 평균하는 방법

2) 초점예측

여러 가지 룰을 미리 만들고 매 시점마다 각각의 룰로 만든 예측치의 예측오차를 비교한 후 가장 낮은 예측오차를 산출한 룰로 다음 시점에 대한 예측을 하는 휴리스틱 기법

Questions on 초점예측

01 초점 예측(focus forecasting)은 과거 정보로부터 논리적 규칙을 도출하여 이를 과거 자료에 대한 시뮬레이션을 통해 검증하는 방식으로 진행된다. 2006 CPA

| 1 | O |

(5) 예측의 정확도

1) 예측오차의 척도

① **누적예측 오차** CFE: cumulative sum of forecast error

예측오차의 합을 의미

$$CFE = \sum E_t$$

② **평균오차** ME: mean errors

양(+)의 값을 갖는 오차와 음(−)의 값을 갖는 오차가 서로 상쇄되는 단점이 있지만, 예측치의 편의(bias)를 측정하는데는 유용한 자료

$$ME = \frac{\sum E_t}{n}$$

편의의 유무

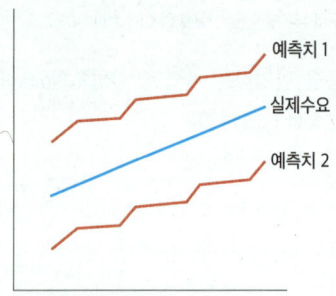

예측치가 실제치보다 항상 크거나 작아 편의(bias)가 있음

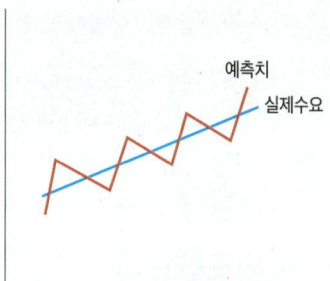

예측치가 실제치의 위나 아래로 치우침이 없이 주변을 맴돌고 있어 예측치의 편의는 없음

Questions on ME

01 평균오차(mean error)가 0이면 예측치의 편의(bias)는 없다. 2002 CPA

02 평균오차(mean error)가 0이면 예측은 완벽하다고 볼 수 있다. 2002 CPA

03 어떤 수요 예측치와 실측치로부터 계산된 평균오차(mean error)가 0이라는 것은 그 예측이 완벽하게 맞았음을 의미하는 것이다. 2003 CPA

| 1 | O | 2 | X | 3 | X |

③ 평균 제곱오차 MSE

평균제곱오차(MSE: mean squared error)는 오차제곱의 합을 기간 수로 나눈 것으로 예측오차의 산포도를 나타냄. 예측오차를 제곱으로 계산하기 때문에 양(+) 혹은 음(-)의 부호는 무시됨. MSE가 작으면 예측치가 실제 수요에 근접함을 의미하며, 반대로 이 값이 크면 예측의 오차가 크다는 것을 의미함

$$MSE = \frac{\sum E_t^2}{n}$$

※ 평균제곱오차는 양의 오차와 음의 오차가 상쇄되지는 않으나 개개의 오차의 제곱을 취하기 때문에 오차가 클수록 부여되는 가중치는 커지는 결과를 초래한다.

Questions on MSE

01 평균자승오차(MSE)가 100이면 평균절대편차(mean absolute deviation)는 10이다. 2002 CPA

1	X

④ 평균 절대오차 MAD

평균절대오차(MAD: mean absolute deviation)는 오차절대치의 합을 기간 수로 나눈 것으로 예측오차의 산포도를 나타냄. 예측오차를 절대값으로 계산하기 때문에 양(+) 혹은 음(-)의 부호는 무시됨. MAD가 작으면 예측치가 실제 수요에 근접함을 의미하며, 반대로 이 값이 크면 예측의 오류가 크다는 것을 의미함

$$MAD = \frac{\sum |E_t|}{n}$$

Questions on MAD

01 수요예측오차의 척도 중 평균절대오차(mean absolute deviation)는 예측치가 실제치를 완벽하게 나타내지 않더라도 그 값이 0이 될 수 있다. 2004 CPA

02 평균오차(mean error)가 0이 아닐 때에도 평균절대편차(mean absolute deviation)는 0이 될 수 있다. 2012 CPA

03 평균절대편차(MAD)는 예측오차의 절대적인 크기 뿐 아니라 예측치의 편향(bias) 정도를 측정하기 위해서도 사용된다. 2017 CPA

04 예측치의 편의(bias)가 커질수록 예측오차의 누적값은 0에 가까워지며 예측오차의 평균절대편차(MAD)는 증가한다. 2018 CPA

1	X	2	X	3	X	4	X

⑤ **평균절대비율오차** MAPE: mean absolute percent error
수요의 크기에 대한 상대적 예측오차를 측정하는 방법. MAPE는 오차계산을 표준화하여 서로 다른 시계열 자료 간에 예측오차를 비교할 수 있게 해 줌

> 예 실제수요가 50일 때 예측치가 45인 경우와 실제수요가 10일 때 예측치가 15인 경우는 다같이 절대편차가 5이지만 실제수요에 대한 상대오차(relative error)를 보면, 전자의 경우는 5/50=10%, 후자의 경우 5/10=50%의 오차가 발생한 것임

$$MAPE = \frac{\sum_{t=1}^{n} \frac{|D_t - F_t|}{D_t} \times 100}{n}$$

Questions on MAPE

01 평균오차(mean error)가 0이고 평균자승오차(mean squared error)가 100이면 예측오차가 존재하나 그 크기가 실측치에 비해 상대적으로 얼마나 큰지는 알 수 없다. 2002 CPA

02 예측오차의 측정방법 중 평균절대비율오차(mean absolute percent error)는 수요의 크기에 대한 상대적 예측오차를 측정하는 방법이다. 2012 CPA

03 수요예측의 정확성을 평가하기 위한 방법 중 평균제곱오차(MSE)는 큰 오차에 더 큰 가중치를 부여할 수 있으며, 평균절대백분율오차(MAPE)는 실제치 대비 상대적인 오차를 측정할 수 있다. 2021 CPA

| 1 | O | 2 | O | 3 | O |

2) 예측오차의 해석

예측오차

오차	해석
평균오차 ME	평균오차가 0이면, 편의(bias)는 없음. 즉 예측값이 실제 수요를 항상 과대하거나 과소하게 예측하지 않음. 그러나 예측이 완벽함을 의미하지는 않음
평균제곱오차 MSE	평균제곱오차가 0이면, 예측은 완벽함. 즉 오차가 존재하지 않음
평균절대오차 MAD	평균절대오차가 0이면, 예측은 완벽함. 즉 오차가 존재하지 않음
평균절대비율오차 MAPE	평균절대비율오차가 적을수록 상대오차가 적음을 의미함

3) 예측오차의 통제

추적지표(TS : tracking signal)란 다음의 산식과 같이 누적예측오차(CFE)를 평균절대오차(MAD)로 나눈 값으로 어떤 예측기법에 의한 예측치가 실제치를 잘 따라가고 있는지를 판단하는 하나의 방법임. 측정단위는 MAD임

$$TS = \frac{CFE}{MAD}$$

TS는 매기간마다 재계산되며, 예측치가 실제치를 잘 따라가고 있으면 약간의 양의 오차와 음의 오차가 서로 상쇄되어 0에 가까운 값을 가짐. 허용 가능한 추적지표의 값의 범위는 ±4 또는 ±5임

Questions on TS

01 예측기법의 정확도가 높을수록 추적지표(TS: tracking signal) 값은 상승한다. 2015 CPA

02 추적지표(tracking signal)의 값이 지속적으로 음의 값을 보이는 경우 예측을 실제보다 작게 하는 경향이 있다고 볼 수 있다. 2022 CPA

| 1 | X | 2 | X |

02 생산시스템과 프로세스 관리

1. 운영관리

(1) 운영관리의 개념

생산목표를 달성할 수 있도록 생산 활동이나 생산 프로세스를 관리하는 것

(2) 제조업과 서비스업 비교

제조업과 서비스업 특성 비교

제조업 성향	서비스업 성향
• 유형, 내구적 제품	• 무형, 보관불가능한 제품
• 산출물 재고축적 가능	• 산출물 재고축적 불가능
• 고객 접촉 적다	• 고객 접촉 많다
• 반응시간이 길다	• 반응시간이 짧다
• 지역, 국내, 국제 시장	• 국지적 시장
• 대규모 설비	• 소규모 설비
• 자본집약적	• 노동집약적
• 품질측정 용이	• 품질측정 곤란

■ Questions on 제조업과 서비스업

01 제조업에서처럼 모든 서비스도 재고의 개념을 적용하여 고객수요에 대응할 수 있다.
   2004 CPA

02 서비스업에서의 품질측정은 제조업에서의 품질측정보다 객관적으로 이루어질 수 있다.
   2004 CPA

03 서비스 창출 과정은 고객의 소비와 동시에 일어나는 경우가 제조업보다 많다. 2004 CPA

04 서비스 제공과정에서의 생산성측정은 제조업에 비해 상대적으로 용이하다. 2004 CPA

05 서비스 제공과정에서 고객과의 접촉 정도는 제조업에 비해 상대적으로 적다. 2004 CPA

06 서비스의 이질성을 극복하는 방안의 하나로 종업원에 대한 교육 훈련을 고려할 수 있다.
   2005 CPA

07 서비스 수요의 성수기와 비수기 주기는 일반적으로 제조업보다 짧고 격차도 큰 경향이 있다. 2005 CPA

08 대부분의 서비스는 서비스 패키지를 구성하는 유·무형의 속성들을 혼합적으로 포함하고 있다. 2005 CPA

09 서비스는 시간소멸적(time-perishable) 특성이 있어 서비스업의 경우 수요관리가 더욱 중요하다. 2005 CPA

10 서비스는 제품에 비해 생산프로세스에 대한 고객참여도가 높다. 2015 CPA

11 서비스는 제품에 비해 산출물 품질에 대한 측정과 품질보증이 어렵다. 2015 CPA

12 서비스는 제품에 비해 생산프로세스에 대한 특허취득이 어렵다. 2015 CPA

13 서비스는 제품에 비해 수요와 공급을 일치(matching supply with demand)시키기가 용이하다. 2015 CPA

14 제품은 서비스에 비해 상대적으로 투입물과 산출물의 균질성이 높다. 2015 CPA

15 고객접촉의 정도가 높을수록 서비스공정의 불확실성이 낮아지고 비효율성이 감소하게 된다. 2016 CPA

16 서비스는 생산프로세스에 대한 고객참여도가 높기 때문에 제품에 비해 산출물의 품질변동이 줄어든다. 2021 CPA

17 서비스는 규격화가 용이하지 않으므로 제품에 비해 품질평가가 상대적으로 어렵다. 2021 CPA

1	X	2	X	3	O	4	X	5	X	6	O	7	O	8	O
9	O	10	O	11	O	12	O	13	X	14	O	15	X	16	X
17	O														

(3) 생산시스템

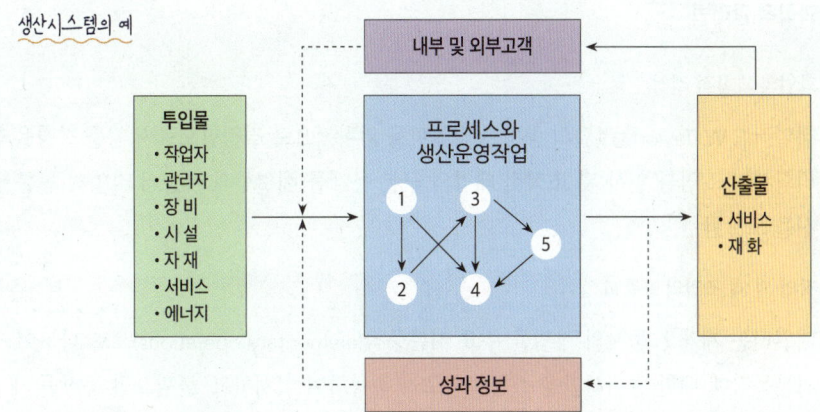

생산시스템의 예

※ 운영관리란 생산시스템을 관리하는 것을 말하여, 생산시스템 내부에 들어가는 프로세스에는 job, batch, line, continuous flow 등의 4가지가 있음. 또한 한 기업의 산출물은 다른 기업에게는 투입물이 될 수 있음

■ Questions on 생산시스템

01 산출물로부터의 피드백이 내부에서 순환적으로 작용하여 투입물과 변환과정을 통제하기 때문에 생산시스템은 폐쇄시스템으로 볼 수 있다. 2003 CPA

02 운송창고업과 같이 투입물에 물리적 변환을 가하지 않는 업종은 생산시스템이라고 볼 수 없다. 2003 CPA

03 비행기는 비행기제조회사에게는 산출물이지만 여객항공회사에게는 투입물이 된다. 2003 CPA

04 투입물의 가치 대비 산출물의 가치가 높을수록 생산성이 높으며 이는 상품 경쟁력의 원천이 된다. 2003 CPA

05 생산시스템은 산출물로서 유형의 상품뿐만 아니라 무형의 서비스도 생산한다. 2003 CPA

1	2	3	4	5
X	X	O	O	O

2. 운영관리의 발전

(1) 영국의 산업혁명과 생산관리

18세기 후반, 영국에서는 이른바 산업혁명으로 공장제(factory system) 공업이 성립됨. 영국의 공장제 공업은 1767년 하그리브스(J. Hargreaves)의 방적기와 와트(J. Watt)의 증기기관 등의 발명으로 이룩됨. 이들 산업기계의 등장으로 미숙련공들도 값싸고 좋은 물건을 신속히 생산하게 됨으로써 이른바 '숙련이 기계로 이전(transfer of skill to machine)' 되는 현상이 시작됨

(2) 과학적 관리법

1) 과업의 과학적 결정

테일러(F. W. Taylor)는 1일의 공정한 작업량을 과학적으로 결정함으로써 임률 결정을 합리화시키고 임률 인하 및 조직적 태업의 근본 문제를 해결함과 아울러 작업의 능률 증진을 도모함

2) 작업 및 제 조건의 표준화

테일러는 개개 노동자의 작업을 주요 기본동작(elementary operations)으로 나누어 각 기본동작에 대한 단위시간을 스톱워치로써 측정하여 집계하고, 불필요한 동작을 제거해서 최선의 작업방법을 마련하는 동시에 작업시간을 확정함

3) 차별적 성과급제

차별적 성과급제도는 성과급제도의 일종이지만, 동일 작업에 대해서 고저 두 종류의 차별적 임률을 설정하고 작업자가 소정의 과업을 달성한 경우에는 고율의 임금을 지불하고, 달성하지 못한 때는 저율의 임금을 지불하는 것

■ Questions on 과학적 관리법

01 과학적 관리법의 주요 내용인 과업관리의 방법으로는 작업의 표준화, 작업조건의 표준화, 차별적 성과급제 등이 있다. 2017 CPA

02 과학적 관리법은 방임관리를 지양하고 고임금·저노무비용의 실현을 시도하였다.
2017 CPA

03 과학적 관리법은 전사적품질경영(TQM)에서 시작된 것으로, 개별 과업 뿐 아니라 전체 생산시스템의 능률 및 품질향상에 기여하였다. 2017 CPA

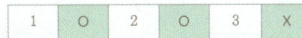

(3) 포드시스템

1) 동시관리와 포디즘의 실현

포드(H. Ford)의 이동조립법(moving assembly method)은 컨베이어와 생산의 표준화를 주축으로 하는데 조립 라인을 구성하는 컨베이어 속도와 근로자의 작업 속도를 기계적으로 동기화시켰고 관리와 연계시킴으로써 동시관리(management by synchronization)를 이룸. 포드시스템은 포드의 경영이념인 "사회에 봉사한다."라는 포디즘(Fordism)에 바탕을 둔 것으로서, 그가 말하는 사회란 고객과 종업원을 지칭하며 대량생산방식을 통해서 최저 생산비를 실현하여 고객들에게는 튼튼하고 좋은 자동차를 싼 가격에 제공하고 종업원들에게는 보다 높은 임금을 지불한다는 것임

2) 생산의 표준화

① 제품의 단순화(simplification)
② 부품의 규격화(standardization)
③ 기계 및 공구의 전문화(specialization)
④ 작업의 단순화

3) 컨베이어 시스템

포드는 작업자와 공구를 작업순서에 따라 배열시키고 작업 장소에 재료와 재공품을 운반하는 운반설비를 도입하였는데 이것이 유동식 작업을 가능케 한 컨베이어 시스템(conveyor system)임

■■ Questions on 포드시스템

01 이동컨베이어 시스템을 효율적으로 이용하기 위해 장비의 전문화, 작업의 단순화, 부품의 표준화 등이 제시되었다. 2017 CPA

02 이동컨베이어 시스템은 컨베이어에 의해 작업자와 전체 생산시스템의 속도를 동시화함으로써 능률 향상을 시도하였다. 2017 CPA

3. 운영관리의 의의

(1) 생산목표

기업이 경쟁우위를 달성하는 요소 내지 수단이며, 동시에 동일한 수준으로 달성하기 보다는 사업전략에 따라 우선순위를 부여하여 추구해야 하므로 '경쟁우선순위(competitive priorities)'라 함

생산시스템의 경쟁우선순위

범주	경쟁력	예
원가 Cost	1. 저원가 생산(low cost operations)	Costco
품질 Quality	2. 최고 품질(top quality)	Ferrari
	3. 일관된 품질(consistent quality)	McDonald
시간 Time	4. 빠른 인도시간(fast delivery time)	Dell
	5. 적시인도(on-time delivery)	UPS(United Parcel Services)
	6. 개발속도(development speed)	Li & Fung
유연성 Flexibility	7. 고객화(customization)	Ritz Carlton
	8. 다양성(variety)	Amazon.com
	9. 수량유연성(volume flexibility)	USPS(US Postal Service)

※ 위 표의 경쟁력 가운데 공헌마진이 낮은 '저원가 생산', '일관된 품질', '적시인도' 등은 알아두는 것이 좋음

■■ Questions on 경쟁우선순위

01 시간(time)경쟁력은 빠른 제품개발능력 뿐만 아니라 빠른 인도(fast delivery) 및 적시 인도(on-time delivery)능력도 포괄하는 개념이다. 2006 CPA

02 유연성(flexibility)경쟁력은 다양한 종류의 제품을 공급할 수 있는 능력뿐만 아니라 주문물량의 대소에 관계없이 대응할 수 있는 능력을 의미한다. 2006 CPA

03 신뢰성(reliability)경쟁력은 기업에 대한 고객의 신뢰를 얻어낼 수 있도록 효과적으로 애프터서비스를 제공할 수 있는 능력이다. 2006 CPA

04 원가(cost)경쟁력은 상대적으로 낮은 가격의 투입자원을 확보하거나 생산성을 향상시킴으로써 얻어지는 가격경쟁력을 의미한다. 2006 CPA

05 품질(quality)경쟁력은 상대적으로 높은 수준의 제품 품질(product quality)을 확보할 수 있는 능력뿐만 아니라 적합한 품질수준을 유지하는 능력도 포함된다. 2006 CPA

06 오늘날에는 빠른 개발 속도와 빠른 인도시간(fast delivery time)에 비해 약속된 납기를 준수하는 적시인도(on-time delivery) 개념은 그 중요성이 떨어진다. 2009 CPA

07 제조기업에 있어서는 시간과 관련된 경쟁력이 원가(cost)와 관련된 경쟁력보다 그 중요성이 덜하다. 2009 CPA

08 새로운 제품을 보다 빠르게 시장에 내놓기 위해 개발 속도를 높이는 동시에 시장에서의 실패확률을 줄일 수 있도록 하는 방법의 하나가 콘커런트 엔지니어링(concurrent engineering) 개념이다. 2009 CPA

09 제조기업이 주문을 받고 나서 제품을 인도할 때까지 걸리는 시간을 경쟁기업보다 가능한 한 짧게 만들 수 있는 유일한 방법은 재고를 보유하는 것이다. 2009 CPA

10 경쟁기업에 비해 빠른 개발속도와 인도시간을 달성하기 위해서는 일관된 품질(consistent quality)의 경쟁력은 상대적으로 저하되는 것이 불가피하다. 2009 CPA

| 1 | O | 2 | O | 3 | X | 4 | O | 5 | O | 6 | X | 7 | X | 8 | O |
| 9 | X | 10 | X | | | | | | | | | | | | |

(2) 경쟁우선순위에 따른 제조전략

제조전략

전략	내용	경쟁우선순위
재고생산전략 make-to-stock	즉각적인 납품이 가능하도록, 즉 고객인도시간을 최소화하기 위하여 품목을 재고로 보유하는 전략(수요예측이 중요) 예 대량생산	일관된 품질 저원가 생산 적시인도
주문조립 제조전략 assemble-to-order	고객의 주문이 접수된 이후 비교적 적은 수량의 부품이나 조립품으로 고객화된 제품을 생산하기 위한 전략 예 고가의 소파제작	고객화 빠른 인도시간
주문생산전략 make-to-order	고객의 사양에 맞춰 소량으로 제품을 생산하는 제조업자가 활용하는 전략(납기관리가 중요) 예 고급주택	최고 품질 고객화

※ make-to-stock은 원하는 서비스 수준을 최소 비용으로 충족시키는 것이 목표이고, make-to-order는 생산시간을 최소화하는 것이 목표임

Questions on 제조전략

01 주문생산(make-to-order)공정에서는 납기관리에 비해 수요예측이 더 중요한 반면 계획생산(make-to-stock)공정에서는 수요예측에 비해 납기관리가 더 중요하다. 2013 CPA

02 주문생산공정(make-to-order process)은 원하는 서비스수준(service level)을 최소 비용으로 충족시키는 것이 주요 목적이며, 재고생산공정(make-to-stock process)은 생산시간을 최소화하는 것이 주요 목적이다. 2016 CPA

03 주문생산공정은 계획생산공정보다 유연성이 높지만 최종제품의 재고수준이 높아지는 단점이 있다. 2018 CPA

04 제품 생산과정이 빠르고 수요를 초과한 생산량에 대한 폐기 비용이 클 경우 계획생산 방식이 주문생산 방식에 비해 유리하다. 2022 CPA

05 수요의 변동성이 낮고 완제품에 대한 재고비용이 크지 않을 경우 계획생산 방식이 주문생산 방식에 비해 유리하다. 2022 CPA

4. 프로세스 관리

(1) 프로세스 관리

프로세스 관리는 투입물, 생산운영작업, 작업흐름, 그리고 투입물을 산출물로 변화시키는 방법 등을 선정하는 것

여러 가지 프로세스

프로세스	특징
개별작업 프로세스 job process	다양한 제품을 소량으로 생산하는 경우에 제품마다 각각 다른 공정의 흐름이 요구되는 경우에 활용되는 프로세스
뱃치 프로세스 batch process	표준화된 주문생산공정으로 표준화되어 있는 특정 제품을 한동안 생산한 뒤 다른 제품을 같은 생산라인에서 생산하는 방식
라인 프로세스 line process	생산이 고정경로를 따라 순차적으로 이루어지며 제품이 완성될 때까지 한 작업장에서 다른 작업장으로 통제된 속도에 맞추어 이동하게 되는 것
연속 프로세스 continuous flow process	화학, 정유, 제지, 음료 등과 같은 장치산업에서 응용되는 프로세스로 조립생산과 같이 생산은 미리 정해진 순서대로 진행되나 조립생산과는 달리 프로세스가 끊이지 않고 지속적으로 진행되는 특성을 갖고 있음

프로세스별 특징

	개별작업	뱃치	라인	연속
개념	고객화된 제품	준-표준화된 제품	표준화된 제품	표준화가 매우 높은 제품
예 - 제조업	기계제작소	제과점	조립라인	제철소, 종이공장
예 - 서비스업	미용실	학교	카페테리아	중앙난방시스템
생산량	적음	중간	많음	매우 많음
산출의 변동성	매우 높음	중간	낮음	매우 낮음
설비의 유연성	매우 높음	중간	낮음	매우 낮음
장점	다양한 과업을 처리할 수 있음	중간정도의 유연성	단위 당 비용이 낮고, 생산량이 많으며, 효율적임	매우 효율적이며, 생산량도 매우 많음
단점	느리며, 단위 당 비용이 높으며, 생산계획과 스케줄링이 매우 복잡함	단위 당 비용이 높은 편이며, 생산계획과 스케줄링도 복잡한 편	유연성이 낮고, 휴지기간의 비용이 높음	산출변동이 거의 없으며, 바꾸는 데 비용이 많이 듦. 휴지기간에 비용이 매우 높음

Questions on 생산프로세스

01 집중화 생산은 각 공정이나 설비에 특정 고객집단을 위한 한정된 생산 과업만을 부여하는 것이다. 2001 CPA

02 제과점의 여러 가지 빵과 생과자 생산은 뱃치 프로세스(batch process)가 적절하다. 2006 CPA

03 특수 중장비 생산은 다중흐름라인(multi-flow line)이 적절하다. 2006 CPA

04 전통공예가구 생산은 개별작업(job-shop) 프로세스가 적절하다. 2006 CPA

05 소형승용차 생산은 조립라인(assembly line) 프로세스가 적절하다. 2006 CPA

06 휘발유 생산은 연속흐름(continuous flow) 프로세스가 적절하다. 2006 CPA

07 개별작업 프로세스(job-shop process)는 특정 유형의 작업을 할 수 있는 장비와 작업자가 일정한 장소에 함께 배치되는 것이다. 2009 CPA

08 연속 프로세스(continuous process)는 제품의 흐름이 고정되어 있으며 산출량이 많고 제품의 표준화 정도가 높은 경우에 해당한다. 2009 CPA

| 1 | O | 2 | O | 3 | X | 4 | O | 5 | O | 6 | O | 7 | O | 8 | O |

→ 다음장에 문제 계속

09 라인공정(line process)은 단속공정(intermittent process)에 비해 효율성이 비교적 높다는 장점이 있으나 유연성이 비교적 낮다는 단점이 있다. 2013 CPA

10 배치공정(batch process)은 조립라인공정(assembly line process)에 비해 일정계획 수립 및 재고통제가 용이하고 효율성이 높다. 2016 CPA

11 제품이 다양하고 뱃치크기(batch size)가 작을수록 잡숍공정(job shop process)보다는 라인공정이 선호된다. 2018 CPA

| 9 | O | 10 | X | 11 | X |

(2) 프로세스 선택

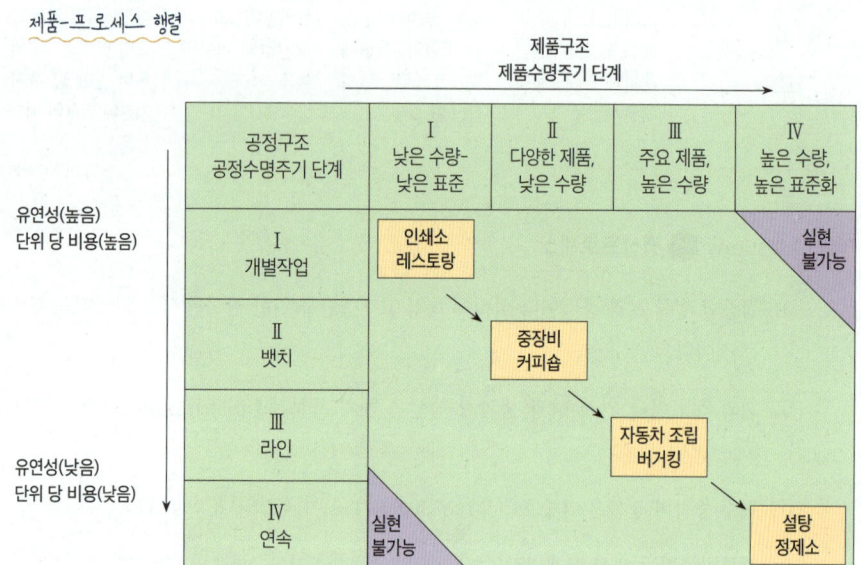

Questions on 제품공정행렬

01 제품공정행렬에서 표준화가 낮은 개별 제품의 소량생산은 주문생산방식에 의해 이루어지며 표준화된 일용상품은 연속생산방식에 의해 대량으로 생산되는 것이 일반적이므로, 이 관계를 제품-공정행렬 상에 표현하면 대부분의 생산기업들은 행렬의 우측상단 모서리와 좌측하단 모서리 부분에 위치하게 된다. 2003 CPA

02 제품공정행렬에서 제품 발전과 그에 따른 생산공정의 변화는 대체로 행렬의 대각선을 따라 움직이되, 제품과 공정이 동시에 변화하는 경우는 드물기 때문에 대각선을 수직적 또는 수평적으로 번갈아 벗어나면서 변화한다. 2003 CPA

03 제품공정행렬에서 제품구조 유형은 개별소량생산품, 다품종소량생산품, 소품종대량생산품, 표준대량생산품으로 분류된다. 2003 CPA

04 제품공정행렬에서 공정기술 유형은 주문생산공정, 뱃치생산공정, 조립라인생산공정, 연속생산공정으로 분류된다. 2003 CPA

05 제품공정행렬은 공정선택에 관한 의사결정을 동태적으로 분석하기 위해, 제품구조와 이를 생산하는 공정기술 유형과의 관계를 행렬 형태로 나타낸 것이다. 2003 CPA

06 프로세스에 관한 의사결정은 제품의 개발단계에서 결정되어야 하며 일단 제품이 출시된 이후에는 변경하거나 수정할 수 없다. 2009 CPA

| 1 | X | 2 | O | 3 | O | 4 | O | 5 | O | 6 | X |

(3) 서비스 매트릭스

슈메너(Schmenner)가 제시한 서비스 매트릭스는 고객화 및 고객접촉의 정도와 노동 집약도라는 2가지 요소에 의해 서비스 시스템을 분류

서비스 매트릭스

	고객접촉 및 고객화 정도	
	저	고
노동집약도 저	서비스 공장 • 항공사 • 운수회사 • 호텔 • 리조트	서비스 숍 • 병원 • 자동차 수리 • 기타 수리 서비스
노동집약도 고	대량서비스 • 소매업 • 도매업 • 학교 • 소매금융	전문서비스 • 의사 • 변호사 • 회계사 • 건축사

1) 서비스 분류

서비스 분류

서비스 시스템	내용
서비스 공장 service factory	낮은 고객화와 낮은 노동집약도가 특징임. 항공사, 운송회사, 호텔 등이 포함되며, 마치 공장과 같이 매우 효율적으로 서비스를 생산함
서비스 숍 service shop	노동집약도는 낮으나, 고객화의 정도는 높음. 병원, 자동차 수리업 및 기타 수리업 등
대량서비스 mass service	노동집약도는 높으나 상호작용과 고객화는 낮음. 도·소매업, 학교, 소매금융 등
전문서비스 professional service	노동집약도와 고객화 정도가 모두 높음. 변호사, 의사, 회계사, 건축사 등

2) 서비스 관리

① 노동집약도

서비스에 대한 노동 대 자본의 비율에 따라 결정되는데, 자본/노동 비율이 낮을수록 좀 더 노동집약도가 높은 서비스로 분류됨

노동집약도	서비스 관리
고	• 인력의 교육훈련 • 종업원 복지
저	• 토지, 설비, 기기에 대한 투자결정 • 비수기와 성수기의 수요에 대한 결정 • 서비스 공급의 스케줄링에 대한 결정

② 고객화 및 고객접촉 정도

고객접촉(customer contact)은 고객이 서비스 프로세스에 출현하여 적극 참여하고 개인적인 특별한 서비스를 받는 정도를 의미하며, 고객화(customization)는 기업이 고객에게 맞춤 서비스를 제공하는 것을 의미함. 일반적으로 고객접촉도가 높을수록 서비스시스템과 고객 사이의 상호작용이 커지게 되고 이에 따라 불확실성도 높아지고 비효율성이 증가하게 됨

고객화 및 고객접촉	서비스 관리
고	• 일관된 서비스품질 유지 • 종업원의 충성심 관리
저	• 마케팅 • 서비스의 표준화

Questions on 서비스매트릭스

01 표준화 정도가 높고 자본비용이 낮은 대량서비스로 분류되는 도매점의 경우 종업원의 충성도 획득이 중요한 경영과제이다. 2005 CPA

02 서비스 매트릭스에서 고객과의 접촉 및 고객화 정도가 높은 서비스 조직에서는 마케팅, 서비스표준화, 서비스 시설 등에 의사결정의 중점을 두어야 한다. 2010 CPA

03 서비스 매트릭스에서 노동집약도가 높은 서비스 조직에서는 인력자원에 대한 교육, 훈련과 종업원 복지 등에 의사결정의 중점을 두어야 한다. 2010 CPA

04 서비스 매트릭스에서 전문서비스(professional service)는 고객화의 정도와 노동집약도가 모두 높은 서비스 조직으로 병원, 자동차 수리소 등이 포함된다. 2010 CPA

05 서비스 매트릭스에서 서비스 샵(service shop)은 고객화 정도가 높고 노동집약도는 낮은 서비스 조직으로 서비스 공급의 스케쥴링(scheduling), 비수기와 성수기의 수요관리 등에 의사결정의 중점을 두어야 한다. 2010 CPA

06 서비스 매트릭스에서 서비스 공장(service factory)은 고객과의 접촉 정도와 노동집약도의 정도가 모두 낮은 서비스 조직으로 항공사, 호텔 등이 포함된다. 2010 CPA

07 슈메너(Schmenner)의 서비스 프로세스 매트릭스에서는 고객화의 정도와 노동집약도가 높은 경우를 서비스공장(service factory)으로 분류하고, 원가관리와 서비스품질유지를 강조한다. 2021 CPA

08 Schmenner의 서비스 프로세스 매트릭스에서 전문서비스는 높은 수준의 인건비와 고객화 정도 때문에 비효율적인 경향이 있다. 2022 CPA

09 Schmenner의 서비스 프로세스 매트릭스에서 서비스 숍(service shop)은 노동집약도는 높으나 고객화 정도는 낮은 특징이 있다. 2022 CPA

10 Schmenner의 서비스 프로세스 매트릭스에서 서비스 공장(service factory)에는 항공사, 운수회사, 호텔 등이 속한다. 2022 CPA

11 Schmenner의 서비스 프로세스 매트릭스에서 대량서비스(mass service)에는 소매업, 학교, 소매금융 등이 속한다. 2022 CPA

12 Schmenner의 서비스 프로세스 매트릭스에서 전문서비스(professional service)는 노동집약도와 고객화 정도가 모두 높은 서비스를 의미한다. 2022 CPA

1	X	2	X	3	O	4	X	5	O	6	O	7	X	8	O
9	X	10	O	11	O	12	O								

5. 기술관리

(1) 경쟁우위
신기술을 추구할 때 가장 먼저 고려해야 하는 것은 그것이 경쟁우위를 창출하는가의 여부

(2) 경쟁우선순위와 적합성
기술의 변화가 원가, 품질, 시간, 유연성이라는 기업의 경쟁우선순위를 달성하는데 도움이 될지를 검토하는 것

(3) 선도기업의 이점에 대한 고려
신기술을 시장에 가장 먼저 도입한다면 기술 선도 기업으로서의 이점을 누릴 수 있음

(4) 경제적 정당화
신기술 도입은 경제적 정당성을 가져야 함

(5) 혁신적 기술
혁신적 기술(disruptive technology)이란 기존 고객이나 현재의 제품에 대해서 아직은 가치를 평가받지 못하는 특성을 가진 기술 혹은 기존 고객이나 미래의 고객이 가치를 두는 성과 특성에서는 아직 매우 열악하나, 그것이 다듬어졌을 때는 그러한 성과에서 곧 현재의 기술을 능가할 수 있는 기술을 의미함

■ Questions on 기술관리

01 경영자는 전략적으로 중요한 혁신적 기술의 변화를 수용함에 있어 언제나 소극적인 의사결정을 내려야 한다. 2009 CPA

02 신기술의 개발과 적용에 있어서는 고객에 대한 서비스, 인도 시간, 재고, 자원의 유연성 등에 미치는 영향보다는 직접적인 재무적 비용만을 우선적으로 고려하여야 한다.
2009 CPA

03 시장 내에서 신기술을 최초로 적용하는 선도기업 전략을 택할 경우에는 과도한 R&D 비용이나 시장수요의 불확실성으로 인한 재무적 위험부담을 고려할 필요가 없다.
2009 CPA

04 신기술의 개발이나 도입은 그로부터 얻어지는 경쟁우선순위를 고려할 필요 없이 지속적으로 이루어져만 한다. 2009 CPA

05 새로운 제품 기술(product technology)을 개발하기 위해서는 마케팅 부문과 긴밀하게 협조하여 어떤 제품을 고객이 진정으로 원하는가를 정확히 파악하는 것이 필수적이다. 2009 CPA

6. 설비배치

(1) 제품별 배치

제품별 배치(product layout)는 대량의 제품이나 고객을 시설 내부에서 신속하고 원활하게 흐르도록 하고자 할 때 사용되는 설비배치

장점	• 산출률이 높은 덕분에 단위 당 원가가 낮음 • 과업이 단순하여 훈련시간과 비용이 적게 들고, 감독이 용이 • 작업장 간의 거리가 짧아 자재취급비용이 낮음 • 인력과 장비의 가동률이 높음 • 생산계획 및 통제가 비교적 단순
단점	• 단순작업의 반복으로 작업자가 지루함을 느낌 • 물량의 변화나 제품의 설계 변경에 유연하게 반응할 수 없음 • 프로세스가 상호의존적이므로 고장이나 무단결근에 매우 취약 • 설비투자가 큼

Questions on 제품별 배치

01 제품별 배치는 일반적으로 대규모의 생산설비 투자가 필요하며 표준화된 제품의 대량 생산에 적합하다. 2002 CPA

02 제품별 배치(product layout)는 생산제품에 변화가 있을 때마다 시설배치를 변경해야하기 때문에 공정의 유연성이 떨어진다. 2002 CPA

03 다품종 소량생산의 경우 제품별 배치(product layout)를 채택하면 생산능력이 부족하여 과부하가 초래되므로 적절하지 못하다. 2005 CPA

04 제품의 수명주기에서 성숙기에 속하는 자동차의 생산을 위해서는 조립생산프로세스와 제품별배치가 바람직하다. 2008 CPA

05 시장에서의 반응이 아직 확인되지 않은 신제품의 경우에는 배치프로세스와 제품별배치가 바람직하다. 2008 CPA

→ 다음장에 문제 계속

06 정유공정이나 제철공정과 같이 고도로 표준화된 제품을 생산하기 위해서는 연속생산프로세스와 제품별배치가 바람직하다. 2008 CPA

07 표준화된 한 가지 제품을 대량생산하기 위해 필요한 설비를 배치하는 경우에는 작업장의 크기 및 작업장 간 인접요인의 계량화가 가장 중요하다. 2009 CPA

08 제품별 배치(product layout)는 선박의 건조나 대형 항공기의 제작과 같이 제품이 매우 크거나 움직일 수 없는 경우에 작업자들이 해당 제품으로 도구와 장비를 가지고 와서 작업하는 것을 의미한다. 2009 CPA

09 다품종 소량생산을 위해 설비나 작업장들이 L자, S자, U자의 형태를 갖는 제품별 배치를 채택하는 것이 적절하다. 2012 CPA

10 제품별 배치(product layout)를 이용하는 경우는 공정별 배치(process layout)를 이용하는 경우에 비해 노동 및 설비의 이용률이 비교적 높다는 장점이 있다. 2013 CPA

11 제품별배치에서는 공정별배치에 비해 설비의 고장이나 작업자의 결근 등이 발생할 경우 생산시스템 전체가 중단될 가능성이 낮으며 노동 및 설비의 이용률이 높다. 2018 CPA

12 제품별배치는 경로설정(routing)과 작업일정계획(scheduling)이 공정별배치에 비해 상대적으로 단순하다. 2020 CPA

13 제품별배치는 설비의 활용률(utilization)이 공정별배치에 비해 상대적으로 낮다. 2020 CPA

14 제품별배치는 생산제품의 다양성과 제품설계변경에 대한 유연성이 공정별배치보다 상대적으로 높다. 2020 CPA

15 제품별배치(product layout)가 공정별배치(process layout)에 비해 상대적으로 훈련비용이 적게 들고 작업감독이 쉽다. 2021 CPA

16 제품별배치(product layout)가 공정별배치(process layout)에 비해 상대적으로 재공품재고(WIP)가 적다. 2021 CPA

17 제품별배치(product layout)가 공정별배치(process layout)에 비해 상대적으로 자재운반이 단순하고 자동화가 용이하다. 2021 CPA

18 제품별배치(product layout)가 공정별배치(process layout)에 비해 상대적으로 장비의 구매와 예방보전(preventive maintenance) 비용이 적다. 2021 CPA

19 제품별배치(product layout)가 공정별배치(process layout)에 비해 상대적으로 장비의 이용률(utilization)이 높다. 2021 CPA

20 제품별배치(product layout)가 공정별배치(process layout)에 비해 상대적으로 산출률이 높고 단위당 원가가 낮다. 2021 CPA

21 제품별 배치(product layout)는 전용설비가 사용되므로 범용 설비가 사용되는 공정별 배치(process layout)에 비해 설비 투자 규모가 크다. 2022 CPA

6	O	7	X	8	X	9	X	10	O	11	X	12	O	13	X
14	X	15	O	16	O	17	O	18	X	19	O	20	O	21	O

(2) 공정별 배치

공정별 배치(process layout)는 처리 대상 제품이나 서비스마다 처리 요구 사항이 다를 때 적합한 프로세스임

장점	• 다양한 처리 요구를 다룰 수 있음 • 장비 고장에 크게 취약하지 않음 • 장비 가격이 저렴하며, 유지보수도 쉽고 비용도 적음 • 과업의 다양화로 작업자에게 더 큰 흥미와 만족을 줄 수 있음
단점	• 경로계획과 일정계획을 자주 수립해야 함 • 장비 가동률이 낮음 • 물자 운반이 느리고 비효율적임 • 제품별 배치에 비해 상대적으로 감독비용이 높음 • 단위 당 원가가 높음

Questions on 공정별 배치

01 공정별 배치는 제품별 배치에 비해 과업이 다양하므로 작업자로 하여금 작업에 대한 흥미와 만족도를 높여줄 수 있다. 2002 CPA

02 공정별 배치(process layout)는 유사한 공정을 그룹별로 모아 배치하므로 공장 내 반제품 및 원자재의 흐름을 파악하기 쉽고 생산계획 및 통제가 간단하다. 2002 CPA

03 공정별 배치가 제품별 배치보다 생산의 효율성이 낮은 경향이 있다. 2005 CPA

04 제조업의 생산제품에서 표준화보다는 고객화 정도가 높을수록 공정별 배치가 적절하다. 2005 CPA

05 놀이공원은 공정별 배치(process layout)가 적절하다. 2005 CPA

06 표준화의 정도가 매우 낮고 주문별로 개별작업이 필요한 경우에는 주문생산프로세스와 공정별배치가 바람직하다. 2008 CPA

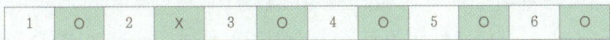

➔ 다음장에 문제 계속

07 중장비나 선박용 부속품과 같은 제품의 생산을 위해서는 배치생산프로세스와 공정별배치가 바람직하다. 2008 CPA

08 공정별 배치(process layout)는 제품이나 고객이 일정한 흐름을 따라 움직이며 생산설비와 자원은 해당 제품이나 서비스의 완성경로에 따라 배치되는 것을 의미한다. 2009 CPA

09 공정별 배치는 제품별 배치에 비해 자재와 가공품들의 이동이 복잡하고 생산계획 및 통제가 복잡하다. 2012 CPA

10 공정별 배치는 범용기계의 사용이 가능하여 제품별 배치에 비해 기계설비에 대한 투자가 비교적 적다. 2012 CPA

11 공정별 배치는 제품-공정 매트릭스(product process matrix)에서 유연성과 생산원가가 낮은 경우에 해당한다. 2014 CPA

12 공정별 배치는 표준화된 제품의 조립과 같이 반복적인 생산에 적합하다. 2014 CPA

13 공정별 배치는 제품별로 생산경로가 다양할 수 있어 경로계획과 작업일정계획을 자주 수립해야 한다. 2014 CPA

14 공정별 배치는 다품종 소량생산의 주문생산방식에 적합하다. 2014 CPA

15 공정별 배치는 주로 특정 작업을 위한 전용설비들로 생산라인이 구성된다. 2014 CPA

16 제품별배치에서는 제품이 정해진 경로를 따라 이동하지만 프로젝트 배치와 공정별배치에서는 다양한 이동경로를 갖는다. 2016 CPA

17 공정별배치는 설비의 고장에 따른 손실이 제품별배치보다 상대적으로 크다. 2020 CPA

18 공정별배치(process layout)는 대량생산을 통한 원가의 효율성이 제품별배치(product layout)보다 상대적으로 높다. 2020 CPA

19 처리 대상 제품 또는 서비스에 따라 요구사항이 다를 경우 제품별 배치보다 공정별 배치가 적합하다. 2022 CPA

7	O	8	X	9	O	10	O	11	X	12	X	13	O	14	O
15	X	16	X	17	O	18	X	19	O						

(3) 위치고정형 배치(=프로젝트 배치)

위치고정형 배치(fixed position layout)는 제품을 고정시키고 작업자와 장비가 필요에 따라 이동하며 작업하는 배치형태. 프로젝트 배치라고도 함. 일반적으로 프로젝트형 생산은 비반복적이며 1회적인 성격을 가지고 있음. 엄밀히 말해 프로젝트에서는 제품의 흐름은 존재하지 않고, 다만 프로젝트의 완성에 필요한 많은 세부과업들이 있을 뿐임

장점	• 제품 이동이 없으므로 제품에 손상이 가지 않고 이동비용도 발생하지 않음 • 제품이 한 작업장에서 다른 작업장으로 이동되지 않으므로 할당된 노동인력의 계속성이 보장되어 새로운 작업을 시작할 때마다 인력을 재계획하고 교육시킬 필요가 없음
단점	• 동일한 작업자들이 다양한 작업을 처리해야 하므로 숙련된 다기능 작업자가 요구되고, 따라서 높은 수준의 임금을 지불해야하는 문제가 있음 • 장비 및 인력의 이동에 많은 비용이 들 수 있음 • 일반적으로 장비의 이용률이 낮음

■ Questions on 위치고정형 배치

01 대형 여객기 제조회사에 가장 적합한 설비 배치 형태는 위치고정형 배치(fixed position layout)이다. 2002 CPA

02 생산제품의 부피가 크거나 무게가 무거워 이동이 어려울 경우 고정형 배치가 적절하다. 2005 CPA

03 고정형 배치는 생산제품의 부피가 크거나 무게가 무거워 이동이 어려울 경우 적절하다. 2012 CPA

04 프로젝트공정에 주로 사용되는 고정위치배치에서는 장비와 인원 등이 작업장의 특정 위치에 고정되므로 작업물의 이동경로 관리가 중요하다. 2018 CPA

(4) 혼합형 배치

현실적으로 많은 기업들은 제품별, 공정별, 위치고정형 배치의 장단점을 고려하여 3가지의 혼합 형태를 사용하고 있는데 이를 혼합형 배치(hybrid layout)라고 함

(5) 셀룰러 배치

다수의 유사 부품이나 부품군(part family)의 생산에 필요한 서로 다른 기계들을 가공 진행 순서에 따라 모아 놓은 것을 제조셀(manufacturing cell)이라 함. 제조셀은 하나의 기계로 구성되거나, 상호 연결되어 있지 않은 다수의 기계로 구성되거나 또는 다수의 기계가 컨베이어나 기타 자동자재이동장치에 의해 상호 연결된 라인흐름 형태를 취할 수도 있음. 이러한 제조셀을 이용한 제조를 셀룰러 제조(cellular manufacturing)라 하고, 제조셀에 의한 설비배치를 셀룰러 배치(cellular layout)라 함

■■ Questions on 셀배치

01 GT배치는 서로 다른 기계를 같은 셀에 할당하여 라인배치와 유사한 형태를 가지며 금속조립과 컴퓨터 칩 제조 그리고 조립작업에 널리 활용된다. 2010 CPA

02 GT셀은 몇 가지 생산단계를 결합하기 때문에 재공품 재고가 감소하고 부품의 이동과 대기 시간을 감축시킨다. 2010 CPA

03 GT배치는 상대적으로 적은 종류의 제품으로 가동 준비횟수와 가동준비시간(setup time)을 줄일 수 있다. 2010 CPA

04 GT배치는 빠른 학습효과로 인해 작업자의 능률을 향상 시키며 소규모 작업팀의 작업자 간에 더 좋은 인간관계를 형성한다. 2010 CPA

05 GT배치는 제품 생산방식을 제품별 생산시스템에서 개별 생산시스템으로 변환하여 이점을 얻고자 하는데 있다. 2010 CPA

06 공정별배치를 셀룰러(cellular)배치로 변경함으로써 생산준비시간을 단축시키는 것이 가능하다. 2016 CPA

07 그룹테크놀로지(GT)를 이용하여 설계된 셀룰러배치는 공정별 배치에 비해 가동준비시간과 재공품재고가 감소되는 등의 장점이 있다. 2018 CPA

08 셀룰러 배치(cellular layout)의 경우 그룹 테크놀로지(group technology)를 활용하여 제품별 배치의 이점과 공정별 배치의 이점을 동시에 얻을 수 있다. 2022 CPA

1	2	3	4	5	6	7	8
O	O	O	O	X	O	O	O

(6) 프로세스에 따른 설비배치

프로세스와 설비배치의 결합

프로세스(process)	설비배치(layout)
개별작업 프로세스 job process	공정별 배치(process layout)
뱃치 프로세스 batch process	
라인 프로세스 line process	제품별 배치(product layout)
연속 프로세스 continuous flow process	

7. 프로세스, 제조전략, 설비배치의 통합

프로세스, 제조전략, 설비배치의 관계

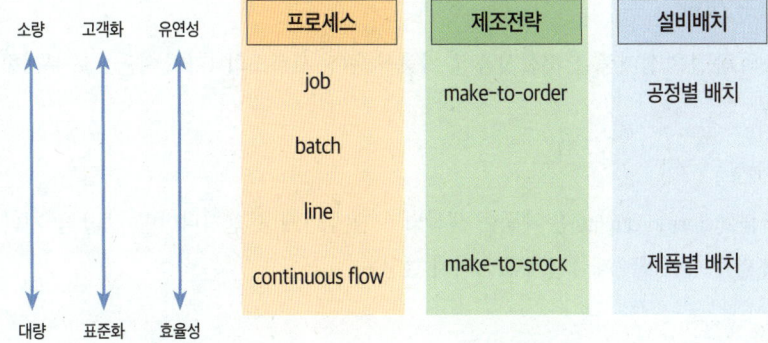

03 품질경영

1. **품질의 개념**

    제품의 품질은 설계품질, 적합성품질, 가용성, 현장 서비스의 4가지 차원으로 분해할 수 있음

    1) **설계품질**

        설계품질(design quality)은 제품이 생산되기 전에 마케팅, 엔지니어링, 생산 및 기타 기능이 함께 참여하는 제품설계팀에 의해 결정됨

    2) **적합성 품질**

        적합성 품질(conformance quality)이란 실제 생산된 제품이 설계명세에 부합하는 정도를 말함

    3) **가용성**

        가용성(availability)은 시간 차원의 품질개념이며 제품이 고장이 나서 수리나 보전 중이 아니라 사용 가능한 상태에 있는 비율을 말함

    4) **현장 서비스**

        현장 서비스(field service)란 제품판매 후의 보증과 수리 또는 교체를 의미하며 고객서비스, 판매서비스, A/S(after sales service) 또는 그냥 서비스라고도 함

    ■ Questions on 품질의 개념

    01 적합성 품질(conformance quality)은 설계사항에 부합하고, 균일한 제품을 생산하는 능력에 대한 품질을 의미한다. 2012 CPA

1	O

2. 품질비용

통제비용과 실패비용은 서로 대칭되는 개념으로 통제비용이 증가하면 실패비용은 감소하는 경향을 가짐

품질비용의 요약

구분	항목	세부사항	예
통제비용	예방비용	품질문제가 발생할 가능성을 감소시키는 것과 관련된 비용	품질개선 프로그램, 훈련, 데이터 수집, 분석, 설계 비용 등
	평가비용 (검사비용)	품질 표준과의 일치 정도를 평가하기 위해 자재, 부품, 제품, 서비스를 측정, 평가, 감시하는 것과 관련된 비용	검사장비, 검증, 연구실, 조사자, 표본추출을 위한 생산중단 등
실패비용	내부 실패비용	고객에게 인도되기 전에 불량제품이나 서비스와 관련된 비용	재작업 비용, 문제해결, 자재 및 제품 손실, 쓰레기, 작업 중단 등
	외부 실패비용	기준 이하의 제품이나 서비스를 고객들에게 전달한 것과 관련된 비용	제품반송, 재작업비용, 품질보증비용, 이미지 훼손, 배상책임, 벌금 등

Questions on 품질비용

01 품질비용(cost of quality)은 예방비용(prevention cost), 평가비용(appraisal cost), 그리고 실패비용(failure cost) 등으로 개념화시킬 수 있다. 2004 CPA

02 품질비용은 예방비용, 검사비용, 내부실패비용, 외부실패비용으로 구성된다. 2005 CPA

03 품질과 관련하여 발생하는 비용은 크게 예방 및 검사 등 사전 조치에 관련된 비용과 불량이 발생한 이후의 사후조치에 관련된 비용으로 분류해 볼 수 있다. 2006 CPA

04 고객에게 인도된 이후의 품질결함에 따른 비용은 고객의 불만에 따른 이탈과 기업 신뢰도 하락과 같은 미래손실까지 포함하는 것으로는 볼 수 없다. 2009 CPA

05 품질향상을 위해 원자재나 부품의 공급업자와 협력하는데 필요한 비용은 예방비용의 범주에 속한다. 2009 CPA

06 외부 실패비용은 완제품의 출하 또는 인도 직전의 최종적인 검사에서 발견되는 품질결함과 관련된 비용이다. 2009 CPA

→ 다음장에 문제 계속

07 내부 실패비용은 생산과정 중에 발견된 결함이 있는 제품을 폐기하거나 재작업 하는데 따른 비용이다. 2009 CPA

08 원자재의 검사비용은 불량의 발생을 사전에 방지하기 위한 것으로 품질비용(cost of quality) 중 예방비용(prevention cost)에 속한다. 2011 CPA

09 품질비용은 일반적으로 통제비용과 실패비용의 합으로 계산된다. 2018 CPA

10 전체 품질비용을 예방, 평가, 실패비용으로 구분할 때 일반적으로 예방비용의 비중이 가장 크다. 2019 CPA

11 실패비용은 불량품이 발생했을 경우 이를 기업 내·외부에서 처리하는 데 발생하는 비용을 포함한다. 2021 CPA

12 품질비용을 예방·평가·실패 비용으로 구분할 때 예방 및 평가비용을 늘리면 일반적으로 품질수준은 향상되고 실패비용은 감소한다. 2021 CPA

| 7 | O | 8 | X | 9 | O | 10 | X | 11 | O | 12 | O |

3. 전사적 품질경영

전사적 품질경영(TQM: total quality management)이란 기업 모든 구성원들이 품질향상과 고객만족을 달성하기 위해 지속적으로 노력하는 품질혁신 철학을 의미함

TQM 수레바퀴

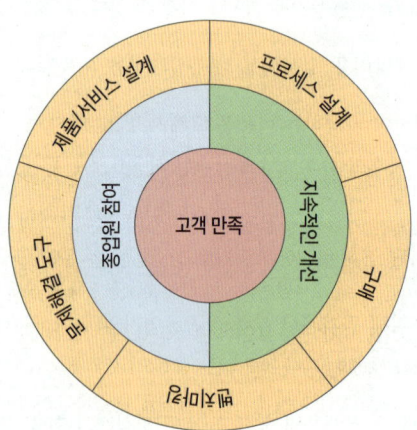

(1) 고객 만족

전사적 품질경영은 내부고객 및 외부고객의 만족을 강조함. 이를 위해 제품/서비스의 품질을 고객의 기대수준 이상으로 달성해야 함

(2) 종업원 참여

1) 문화적 변화

품질경영의 관건은 품질의 중요성을 종업원들에게 일깨워주는 것과 제품품질을 향상시키도록 동기를 부여하는 것임

2) 팀 활동

종업원 참여를 달성하는 방법 중 하나가 팀(team)을 이용하는 것인데, 가장 일반적으로 활용되는 3가지 팀 형태는 문제해결팀, 특수목적팀, 자율적 관리팀임. 정도의 차이는 있으나, 이들 모두는 종업원 임파워먼트(employee empowerment)를 이용한 방법임

(3) 지속적 개선

'카이젠(改善: Kaizen)'이라고 불리는 용어에 근거를 둔 지속적 개선(continuous improvement)은 작업을 개선하기 위한 방법들을 계속적으로 추구하는 철학을 의미함. 지속적 개선은 '계획(plan)-실행(do)-검토(check)-조치(act)'의 사이클(P-D-C-A cycle)을 사용함

지속적 개선을 위한 문제해결 프로세스

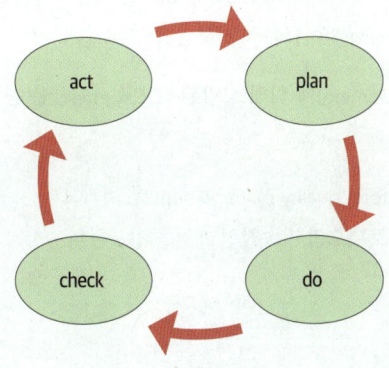

Questions on TQM

01 현대의 품질경영은 기업조직 전체가 소비자가 요구하는 제품과 서비스의 기준을 모두 능가할 수 있도록 경영하는 것이라고 할 수 있다. 2006 CPA

02 TQM은 품질관리부서 최고책임자의 강력한 리더십에 의해 추진되는 단기적 품질혁신 프로그램이다. 2007 CPA

03 TQM은 결과지향적인 경영방식으로 완성품의 검사를 강조한다. 2007 CPA

04 TQM은 프로세스의 지속적인 개선을 중요시한다. 2007 CPA

05 TQM은 내부고객 및 외부고객의 만족을 강조한다. 2007 CPA

06 TQM은 품질경영 전략이라기보다 파레토 도표, 원인결과 도표 등 다양한 자료분석 도구들의 묶음으로 구성된 품질관리기법이다. 2007 CPA

07 전사적 품질경영(TQM)은 고객 지향, 종업원 참여, 지속적 개선을 중점적으로 강조하는 개념이다. 2009 CPA

08 지속적 개선을 위한 목표를 세울 때 벤치마킹을 적절히 이용하는 것도 좋은 방법이다. 2009 CPA

09 TQM(total quality management)은 고객의 욕구를 만족시키기 위해 전사적으로 자원의 효과적인 이용과 지속적인 개선을 추구하는 기업의 전략이며 철학이다. 2010 CPA

10 TQM(Total Quality Management)에서는 정보시스템을 이용한 공정혁신(process innovation)을 품질향상의 원동력으로 간주한다. 2011 CPA

11 지속적 개선(continuous improvement)을 위한 도구로 데밍(Deming)은 PDAC(plan-do-act-check) 싸이클을 제시하였다. 2012 CPA

12 데밍(Deming)에 의해 고안된 PDCA 사이클은 품질의 지속적 개선을 위한 도구로 활용된다. 2018 CPA

13 TQM(total quality management)은 결과보다는 프로세스 지향적이고 고객만족, 전원참여, 프로세스의 지속적인 개선을 강조한다. 2019 CPA

| 1 | O | 2 | X | 3 | X | 4 | O | 5 | O | 6 | X | 7 | O | 8 | O |
| 9 | O | 10 | X | 11 | X | 12 | O | 13 | O | | | | | | |

(4) 품질개선을 위한 여러 문제해결도구들

1) 체크시트(check sheet)

공정으로부터 자료를 수집하는 가장 기본적인 방법으로 점검표에 의하여 수집된 자료는 도수분포표, 파레토 도표, 관리도 등의 작성에 사용

2) 파레토 도표(Pareto diagram)

발생빈도를 기준으로 요인들을 가로축을 따라 내림차순으로 표시한 막대그래프. 가장 중요한 문제 영역 즉, 소수의 핵심인자(vital few)에 집중하기 위한 기법

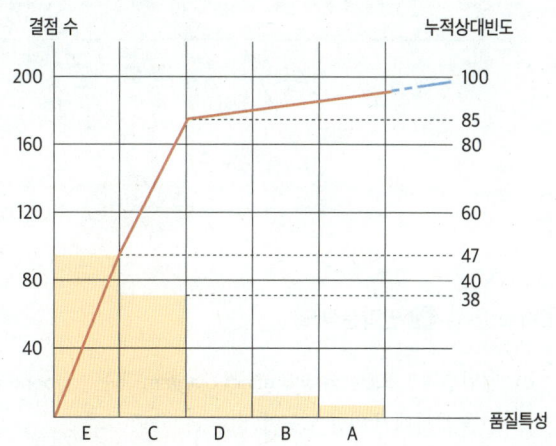

파레토 도표

※ 자주 발생하는 상위 20%의 불량이 전체 불량의 80%를 차지한다는 것으로 상위 20% 불량을 먼저 제거하면 불량률을 80% 낮출 수 있다는 것을 의미함

Questions on 파레토도

01 파레토도(Pareto diagram)는 해결해야 할 품질 문제를 발견하고 어떤 문제부터 해결할 것인가를 결정하기 위해 가로축을 따라 요인들의 발생빈도를 내림차순으로 표시한 막대그래프를 말한다. 2010 CPA

02 파레토(Pareto) 분석은 주요 불량 항목을 파악할 때 사용된다. 2012 CPA

03 품질과 관련된 문제를 발견한 이후, 어떤 문제부터 해결해야 할지를 결정하는 데 파레토도(Pareto diagram)를 이용할 수 있다. 2013 CPA

04 파레토의 원리(또는 80:20 법칙)는 소수의 핵심품질인자(vital few)에 집중하는 것이 전체 품질개선에 효율적인 방안임을 시사한다. 2021 CPA

3) 인과분석도(cause and effect diagram)

모양 때문에 어골도(fishbone diagram)라 불리기도 하며, 이 도구는 문제의 원인이 될 수 있는 요인들의 항목을 알아내 문제해결을 하려는 것. 이시카와 다이어그램(Ishikawa Diagram)이라고도 함

인과분석도

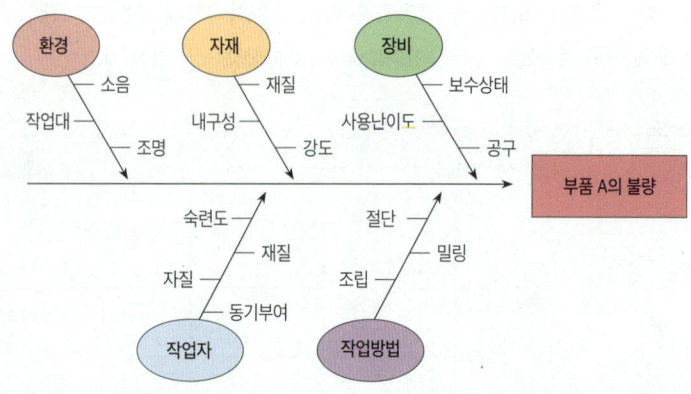

Questions on 인과분석도

01 원인결과도표(cause and effect diagram 또는 fishbone diagram)는 품질관리문제의 원인을 찾아내기 위한 도구이다. 2004 CPA

02 특성요인도(fishbone diagram)는 품질과 관련된 어떤 제품 또는 서비스의 특성에 대한 발생빈도를 기록하기 위한 기법이다. 2010 CPA

03 원인결과도표(cause-and-effect diagram 또는 fish-bone diagram)는 일반적으로 품질 문제를 유발하는 가장 중요한 요인을 추출해 내기 위해 사용된다. 2011 CPA

04 원인결과도표(cause and effect diagram)는 품질 문제의 원인을 찾아낼 때 사용된다. 2012 CPA

05 원인결과도(Fishbone diagram)는 식스시그마의 DMAIC 방법론 중 A(분석)단계에서 문제의 원인을 규명하는 데 사용될 수 있다. 2013 CPA

4) 산점도(scatter diagram)

두 변수간의 관계가 있는지를 보여주는 그림으로 가설을 채택하거나 기각하기 위한 기법임

■ Questions on 산점도

01 산점도(scatter diagram)는 두 변수 간 관계가 있는지를 확인할 때 사용된다. 2012 CPA

| 1 | O |

(5) TQM과 전통조직 비교

TQM과 전통조직의 비교

특징	일반조직	TQM
미션	투자수익률 극대화	고객만족향상
목표	단기실적 강조	장·단기균형
경영자의 역할	문제 순위화, 직원들 강요	코칭, 장애물 제거, 신뢰구축
고객의 요구사항	최상의 순위는 아님	최우선 순위, 고객요구를 이해하고 규명하는 것이 매우 중요
문제	문제에 대한 부정적 인식	문제를 규명하고 해결해야 할 과제로 여김
문제해결	체계적이지 않음. 개인적 해결	체계적, 팀단위로 해결
개선	산발적	지속적
공급자와의 관계	적대적	파트너 관계
과업	과업의 범위가 좁고, 전문화됨. 개인 단위의 과업	폭넓은 과업, 전문화가 낮음, 팀단위의 과업
초점	제품 지향적(결과지향)	프로세스 지향적(과정지향)

4. 식스시그마

프로세스에서 불량과 변동성을 최소화하면서 기업의 성공을 달성하고, 유지하며, 최대화하려는 종합적이고 유연한 시스템임. 식스시그마가 추구하는 불량률은 100만개 중 3.4개에 불과함

(1) 식스시그마 개선 모형

식스시그마 개선 모형은 프로세스 성과 개선으로 가는 5단계로 이 단계를 DMAIC(Define, Measure, Analyze, Improve, Control)라 함

식스시그마 개선 모형(DMAIC)

구분	교육
정의 Define	고객의 니즈를 바탕으로 핵심품질특성(CTQ: critical to quality)은 무엇이며, 이와 관련된 내부 프로세스는 무엇인가를 정의함
측정 Measure	불량의 수준(고객의 욕구와 현재 프로세스의 품질수준의 차이)을 계량적으로 측정함
분석 Analyze	불량의 원인을 파악. 이때 인과분석도(cause and effect diagram)를 활용하여 한정된 자원이 불필요한 곳에 투입되는 것을 막기 위해서는 소수의 핵심인자(vital few)를 추출하는 것이 중요함
개선 Improve	문제의 근본원인을 제거하고, 프로세스 개선을 위한 최적 조건을 찾아내어 실행하는 단계임
관리 Control	계속해서 불량이 발생하지 않도록 체계적인 품질통제(품질 책임자 선정, 실무자에게 품질교육, 정기적으로 계량적인 품질 측정 등)를 실시함

(2) 식스시그마 조직과 역할

식스시그마 추진요원의 구성

구분	주요인력	역할	교육
챔피언	사업부 책임자	식스시그마 추진에 필요한 자원을 할당하고 블랙벨트의 개선 프로젝트 수행을 뒷받침한다.	1주일 간 챔피언 교육
마스터 블랙벨트	교육 및 지도 전문요원 (식스시그마 전임)	블랙벨트 등과 같은 품질요원의 양성교육을 담당하고, 블랙벨트를 지도·지원한다.	블랙벨트 교육을 받은 후, 2주일 간의 추가 교육
블랙벨트	개선 프로젝트 추진책임자 (식스시그마 전임)	식스시그마 개선 프로젝트의 실무 책임자로서 활동한다.	4주 간의 교육을 포함하여, 총 4개월 간의 교육 및 실습
그린벨트	현업 담당자 (모든 임직원이 가능)	블랙벨트의 개선 프로젝트에 파트타임으로 참여하거나, 상대적으로 작은 규모의 프로젝트를 수행한다.	통상 1~2개월의 교육 및 실습

Questions on 식스시그마

01 식스 시그마는 린 시스템(Lean System)과 상호보완적으로 사용되면 큰 효과를 발휘할 수 있다. 2007 CPA

02 식스 시그마의 대표적인 방법론은 DMAIC(Define-Measure-Analyze-Improve-Control)이다. 2007 CPA

03 식스 시그마 전문가 중에서 가장 높은 직책은 블랙벨트(Black Belt)이다. 2007 CPA

04 식스 시그마는 비영리 서비스 조직에는 적용이 불가능하다. 2007 CPA

05 식스시그마(six-sigma)는 프로세스를 개선하여 수익성을 극적으로 향상시키고 고객 만족을 극대화하는 경영철학이며, 제품 1백만 개당 6개 이내의 불량만을 허용한다는 의미이다. 2010 CPA

06 통계적공정관리(SPC: Statistical Process Control)의 기법들은 일반적으로 공정에서 발생하는 우연변동(common variation)을 개선할 수 없는 대상으로 인식하지만, TQM과 식스시그마(Six Sigma)에서는 우연변동을 감소시킬 수 있는 대상으로 인식한다. 2011 CPA

07 식스시그마(Six Sigma)는 인적자원, 조직문화와 관련된 요소를 포함하고 있다.
   2013 CPA

08 식스시그마 DMAIC 방법론 중 고객의 니즈(needs)를 바탕으로 핵심품질특성(CTQ: Critical to Quality)을 파악하는 것은 'M'에 해당한다. 2016 CPA

09 식스시그마 DMAIC 방법론 중 관리도(control chart)를 이용하여 개선 결과를 측정하고 관리하는 방안을 마련하는 것은 'I'에 해당한다. 2016 CPA

10 식스시그마 DMAIC 방법론 중 통계적 방법을 활용하여 핵심인자의 최적 운영 조건을 도출하는 것은 'C'에 해당한다. 2016 CPA

11 식스시그마 DMAIC 방법론 중 핵심인자(vital few)를 찾아내는 것은 'A'에 해당한다.
   2016 CPA

12 식스시그마 DMAIC 방법론 중 품질의 현재 수준을 파악하는 것은 'D'에 해당한다.
   2016 CPA

13 품질을 향상시키려는 목표를 달성하기 위해서는 식스시그마(Six Sigma)의 적용을 통한 프로세스 변동성(variation)을 최대화시켜야 한다. 2017 CPA

14 6시그마 품질수준은 공정평균(process mean)이 규격의 중심에서 '1.5×공정표준편차(process standard deviation)'만큼 벗어났다고 가정한 경우, 100만개 당 3.4개 정도의 불량이 발생하는 수준을 의미한다. 2018 CPA

15 DMAIC은 6시그마 프로젝트를 수행하는 절차이며, 정의-측정-분석-개선-통제의 순으로 진행된다. 2019 CPA

16 CTQ(critical to quality)는 고객입장에서 판단할 때 중요한 품질특성을 의미하며, 집중적인 품질개선 대상이다. 2019 CPA

17 식스시그마는 품질자료의 계량적 측정과 통계적 분석보다는 정성적 품질 목표의 설정과 구성원의 지속적 품질개선노력을 더 강조한다. 2020 CPA

18 식스시그마는 고객이 중요하게 생각하는 소수의 핵심품질특성(CTQ, critical to quality)을 선택하여 집중적으로 개선하며, 블랙벨트와 같은 전문요원을 양성한다. 2020 CPA

19 식스시그마는 하향식(top-down) 프로젝트활동보다는 품질분임조나 제안제도와 같은 자발적 상향식(bottom-up) 참여를 더 강조한다. 2020 CPA

1	O	2	O	3	X	4	X	5	X	6	O	7	O	8	X
9	X	10	X	11	O	12	X	13	X	14	O	15	O	16	O
17	X	18	O	19	X										

5. 품질의 측정

품질의 측정

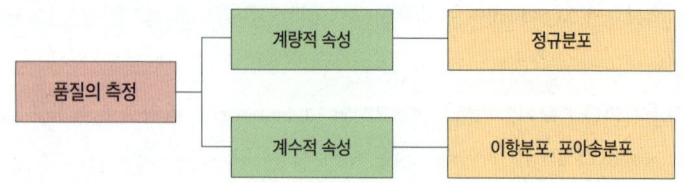

(1) 계량적 속성(variables)

무게, 길이, 부피 또는 시간 등과 같이 계량적 특성으로 품질을 측정하는 것

(2) 계수적 속성(attributes)

표본에 존재하는 불량품의 개수, 하루에 걸려오는 전화 통화 수처럼 계수적 특성으로 품질을 측정하는 것

6. 통계적 품질관리

(1) 표본검사법(acceptance sampling)

원자재나 완제품의 로트로부터 표본을 추출하여 그 검사결과에 의하여 로트의 합격 또는 불합격을 결정하는 통계적 방법

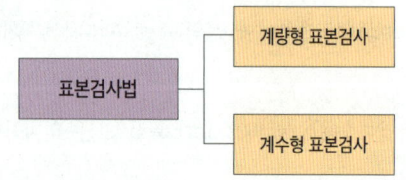

(2) 관리도(control chart)

생산 공정상의 품질특성을 대상으로 시간의 경과에 따른 품질수준을 표본으로 추출·측정하여 공정변동의 가능성이나 유무를 통계적으로 결정하는 방법

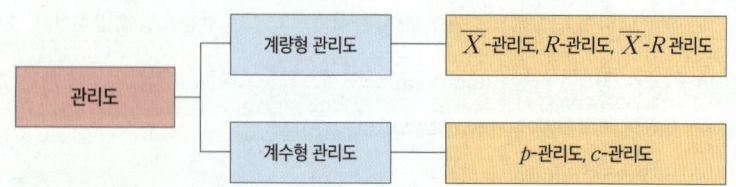

7. 표본검사법

(1) 계수형 표본검사법

1) 1회 표본검사법(single sampling plan)

주어진 로트로부터 일정한 크기의 표본을 1회 무작위추출(random sampling)하여 불량품의 수를 검사하고 이를 설정된 허용불량개수(acceptance number)와 비교하여 로트의 합격, 불합격을 결정하는 방법

① 합격품질수준 AQL: acceptance quality level
합격가능한 품질수준, 즉 좋은 품질수준

② 로트허용불량률 LTPD: lot tolerance percent defective
불합격되어야 할 품질 수준, 즉 나쁜 품질수준을 의미

③ 생산자 위험 α: producer's risk
제1종 오류라고도 하며 좋은 품질수준을 갖는 로트가 표본검사에 의하여 불합격될 확률

④ 소비자 위험 β: consumer's risk
제2종 오류라고도 하며 나쁜 품질의 로트가 표본검사에 의하여 합격될 확률

표본검사에서 발생하는 여러 가지 상황

로트	샘플	합격/불합격 여부	오류여부
양질	양질	합격	정상
	불량	불합격	오류(생산자 위험)
불량	양질	합격	오류(소비자 위험)
	불량	불합격	정상

※ 표본검사법은 전수검사가 아니므로 생산자 위험과 소비자 위험이 항상 존재함

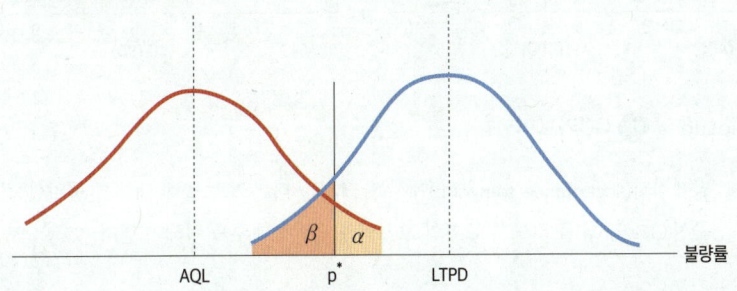

(p^* : 1회 표본검사법의 합격 불합격 임계치)

(2) 검사특성(OC: operating characteristic) 곡선

검사 대상이 되는 로트와 적용될 표본검사법이 주어져 있을 때 로트의 품질수준, 즉 불량률이 변함에 따른 로트의 합격확률을 도표로 표시한 것

<u>전형적인 OC 곡선</u>

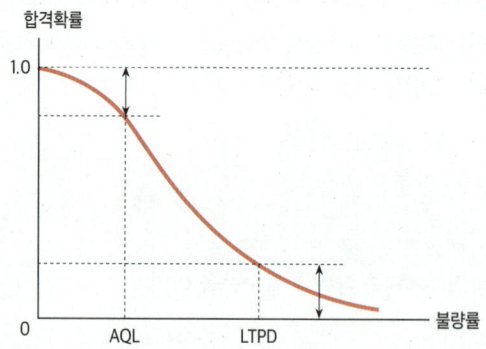

1) OC 곡선의 판별력

OC 곡선이 급경사를 이룰수록 적은 불량률의 차이에도 불구하고 합격확률에 많은 차이가 나며 판별력이 높음

<u>OC 곡선의 판별력</u>

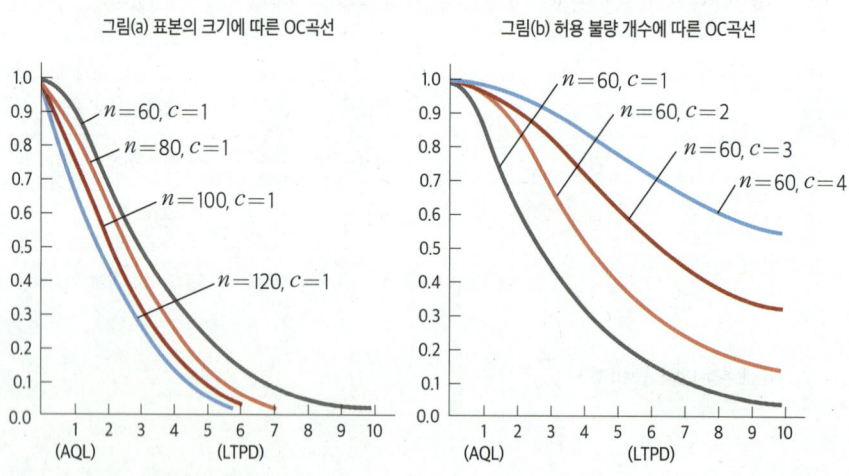

Questions on OC커브

01 발췌검사(acceptance sampling)에서는 크기가 다른 로트들에 대해서 동일한 검사특성곡선(OC curve)을 갖도록 표본의 크기와 합격판정개수를 정해야 한다. 2006 CPA

| 1 | O |

8. 관리도

공정에서 생산하는 제품의 품질특성이 설계규격에 적합한지를 지속적으로 검토하여, 시간이 경과함에 따라 발생하는 이상변동에 의한 공정상의 변화를 찾아내는 데 목적을 두는 통계기법

(1) 변동의 원인

1) 우연변동(random variation)

   원자재, 작업환경, 작업방법, 기계상태 등의 미미한 변화와 종업원의 사기, 감독상태 등의 관리문제에 기인하는 피할 수 없는 변동으로서 통제할 수 없음

2) 이상변동(assignable variation)

   마모된 공구, 기계장비의 불량, 작업자의 실수 또는 교체, 불량원자재 등 잘못되거나 수정되어야 할 원인에 의하여 발생되는 변동으로 통제되어야 할 변동

관리도 상의 여러 가지 패턴들

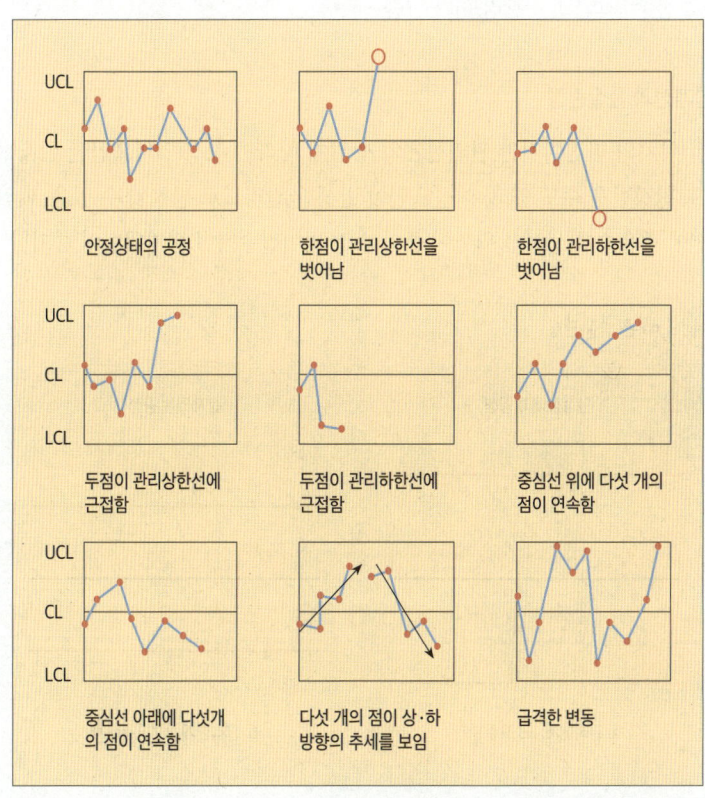

(2) 중심선과 관리한계선 결정방법

공정에서 생산되는 제품의 품질특성값이 정규분포를 갖는다고 가정하면, 기대치를 중심으로 3σ 내에 99.74%값이 존재함. 그러므로 품질특성값의 기대치에 해당되는 관리도의 중심선(CL)은 추출된 총표본 평균으로 추정되며 우연변동의 범위가 되는 관리한계선은 CL $\pm 3\sigma$로 설정되어 우연변동의 99.74%가 관리한계선 내에 포함되며 0.26%는 관리한계를 벗어날 수도 있음

(3) 종류

1) 계량형 관리도

무게, 길이, 강도, 온도, 부피 등과 같이 연속적인 값을 갖는 품질특성을 통제하는 데 사용되며 공정에서 생산되는 품질특성치의 평균을 통제하는 데 사용되는 $\overline{X}$-관리도, 범위를 통제하는 데 사용되는 R-관리도, 그리고 공정의 평균과 범위를 이상변동의 여부를 함께 파악하기 위해서 사용되는 $\overline{X}-R$ 관리도가 있음

2) 계수형 관리도

합격 또는 불합격으로 구별될 수 있는 품질특성에 관한 것으로 불량률 관리도(p-관리도)와 결점수 관리도(c-관리도)가 있음

(4) 관리한계선과 품질판정

동일한 위치의 타점이지만 관리한계의 범위에 따라서 정상(임의요인만 존재하는 관리도)으로 판정받을 수도 있고, 이상요인이 발생한 관리도로 판정될 수 있음. 따라서 관리한계선이 좁을수록 생산자 위험이 증가하고, 넓어질수록 소비자위험이 증가함

관리한계선에 따른 품질 판정

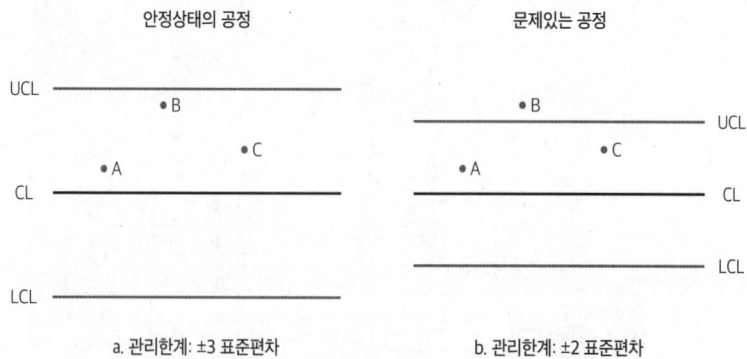

a. 관리한계: ±3 표준편차   b. 관리한계: ±2 표준편차

Questions on 관리도

01 속성(attributes) 관리도는 정규분포를, 변량(variables) 관리도는 이항분포 또는 포아송 분포를 가정한다. 2001 CPA

02 관리도상의 타점(plot)들이 일정한 패턴을 보이면, 관리한계를 벗어나지 않더라도 공정 내에 이상이 있음을 뜻한다. 2001 CPA

03 슈하트의 3σ 법은 검사 결과 평균에서 3 범위 밖이면 불량으로 판단한다. 2001 CPA

04 공정이 안정상태를 유지할 때, 공정 내에는 우연 변동만이 존재한다. 2001 CPA

05 관리도는 공정의 안정상태를 유지하는데 사용하는 통계적 도구이다. 2001 CPA

06 관리도는 생산공정에서 발생하는 변동요인 중 우연요인(random causes)과 이상요인(assignable causes)을 구분하기 위해 사용된다. 2004 CPA

07 품질통제의 도구인 관리도(control chart)는 관리상한선과 관리하한선을 결정하여 사용한다. 2004 CPA

08 관리도에서 관리한계선의 폭이 좁을수록 생산자 위험(producer's risk)이 높아진다. 2005 CPA

09 관리도는 통계적 기법을 통해 품질문제의 원인을 직접 파악 할 수 있도록 하는 데 그 목적이 있다. 2008 CPA

10 R-관리도는 프로세스의 변동성이 사전에 설정한 관리상한선과 관리하한선 사이에 있는가를 판별하기 위해 사용된다. 2008 CPA

11 p-관리도는 길이, 넓이, 무게와 같이 계량적으로 측정 가능한 연속적 품질 측정치를 이용하는 관리도이다. 2008 CPA

12 통계적 품질관리를 위한 관리도(control chart)를 작성하기 위해서는 생산되는 모든 제품의 전수조사가 필요하다. 2008 CPA

13 통계적 프로세스 관리에 있어 품질 측정치들이 안정적인 확률분포를 보이는 경우 그 프로세스는 통제 상태에 있는 것으로 본다. 2009 CPA

14 c-관리도는 프로세스 내의 계량적 규격의 변동성을 감지하기 위해 사용된다. 2009 CPA

| 1 | X | 2 | O | 3 | O | 4 | O | 5 | O | 6 | O | 7 | O | 8 | O |
| 9 | X | 10 | O | 11 | X | 12 | X | 13 | O | 14 | X | | | | |

→ 다음장에 문제 계속

15 통계적 프로세스 관리에서 프로세스가 통계적 통제 상태에 있다면 산출물에는 변동의 원인을 구체적으로 추적 가능하고 제거될 수 있는 특별원인만 존재하는 것으로 판단한다. 2010 CPA

16 통계적 프로세스 관리는 프로세스에서 현재 생산되는 산출물의 품질을 측정하고 품질을 저하시킬 정도로 프로세스가 변화되었는지를 찾아내기 위해 사용한다. 2010 CPA

17 공정에서 얻은 데이터로부터 계산된 타점통계량(charting statistic)이 모두 관리도의 관리한계선(control limits) 내에 타점된 경우, 공정의 산포가 통계적으로 관리상태(in-control state)에 있다고 판단할 수 있다. 2011 CPA

18 $\overline{X}$ -관리도는 품질특성치의 평균과 제품의 규격을 비교하여 공정에 특별한 이상요인이 발생했는지를 판단하는데 사용된다. 2013 CPA

19 일반적으로 관리상한선과 관리하한선이 중심선으로부터 만큼 떨어진 관리도를 많이 사용한다. 2014 CPA

20 품질개선활동을 통해 품질특성의 산포가 줄어들게 되면 타점들이 지속적으로 하락하는 추세를 보이게 된다. 2014 CPA

21 관리한계의 폭을 넓히면 타점이 관리한계 바깥쪽으로 벗어날 가능성이 줄어들고 제2종 오류(소비자 위험)가 커진다. 2014 CPA

22 모든 타점(plot)이 관리한계(control limit) 내에 있을 경우 공정은 안정상태를 유지하는 것으로 판단한다. 2014 CPA

23 관리도는 이상변동(assignable variation)의 발생으로 인해 공정이 안정상태(under control)를 벗어났는지를 판단하는 도구이다. 2014 CPA

24 우연변동(random variation)에 의해서도 타점(plot)이 관리한계선을 벗어날 가능성은 존재한다. 2020 CPA

25 3σ관리도를 사용하면, 관리상하한선 사이의 폭은 표준편차의 6배가 된다. 2020 CPA

26 관리도를 계량형(변량형)과 계수형(속성형)으로 구분할 때, $\overline{X} - R$ 관리도는 계량형 관리도이며 p 관리도(불량률관리도)는 계수형 관리도이다. 2020 CPA

27 관리도는 공정에 발생한 이상변동의 원인과 해결방안을 찾아주고 공정능력(process capability)을 향상시켜 준다. 2020 CPA

28 관리도의 관리한계선(control limit)의 폭이 넓을수록 공정에 발생한 이상변동(assignable variation)을 탐지하지 못할 가능성은 더 커진다. 2020 CPA

| 15 | X | 16 | O | 17 | X | 18 | X | 19 | O | 20 | X | 21 | O | 22 | O |
| 23 | O | 24 | O | 25 | O | 26 | O | 27 | X | 28 | O | | | | |

9. 프로세스 능력

(1) 프로세스 능력(process capability) 개요

프로세스 능력이란 제품이나 서비스를 설계규격에 맞게 생산할 수 있는 프로세스의 능력을 의미함

프로세스 분포와 규격과의 관련성

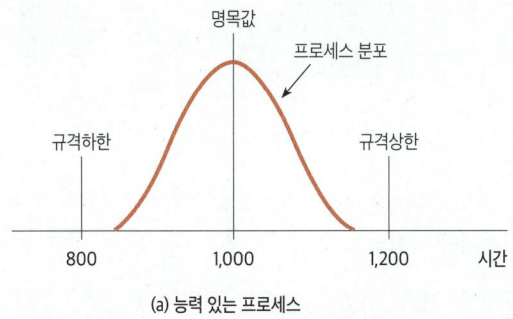

(a) 능력 있는 프로세스

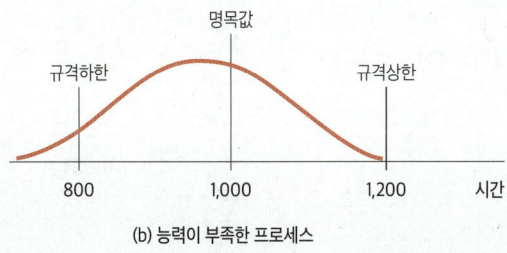

(b) 능력이 부족한 프로세스

- 규격(specification) 혹은 허용오차(tolerance): 공학적 설계나 고객 요구에 의해 설정된다. 개별 산출물이 받아들여질 수 있는 범위이다.
- 관리한계(control limit): 평균 및 범위 등의 표본 통계량이 우연에 의해 변할 수 있는 범위를 나타내는 통계적 한계이다.
- 공정변동(process variability): 공정의 자연적이거나 고유한 우연변동을 나타내며 공정 표준편차로 측정한다.

Questions on 공정능력

01 프로세스능력비율(process capability ratio)은 프로세스의 평균이 규격상한선과 규격하한선 사이에 있는가를 판별하는 데 사용된다. 2008 CPA

02 공정의 품질 수준은 불량률, C_p, C_{pk} 등의 공정능력지수(PCIs: Process Capability Indices) 또는 시그마 수준(sigma level) 등으로 측정 가능하다. 2011 CPA

03 품질특성의 표준편차가 작아지면 공정능력(process capability)은 향상되고 불량률은 감소한다. 2019 CPA

04 공정능력(process capability)은 공정이 안정상태(under control)에서 설계규격(specification)에 적합한 제품을 생산할 수 있는 능력을 의미하며 공정능력이 커질수록 불량률은 줄어든다. 2021 CPA

| 1 | X | 2 | O | 3 | O | 4 | O |

(2) 시그마수준

일반적으로 시그마수준(sigma level)은 공정중심에서 규격한계까지의 거리가 표준편차(σ)의 몇 배가 되는지를 나타냄

$$시그마수준 = \frac{공정중심에서\ 규격까지의\ 거리}{공정의\ 표준편차\ (\sigma)}$$

시그마수준과 표준편차의 관계

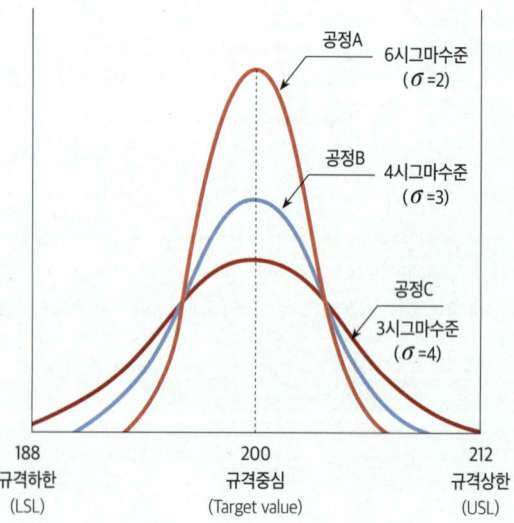

Questions on 시그마수준

01 품질특성의 표준편차가 감소하면 불량률과 시그마수준 모두 감소한다. 2020 CPA

02 시그마수준(sigma level) 6은 품질특성의 표준편차(σ)를 지속적으로 감소시켜 규격상하한선(specification limit) 사이의 폭이 표준편차의 6배와 같아지는 상태를 의미한다. 2020 CPA

| 1 | X | 2 | X |

(3) 프로세스 능력(process capability) 측정

1) 프로세스 능력비율(process capability ratio : C_p)

프로세스 능력비율은 설계규격의 범위에 비해 프로세스의 범위가 어느 정도인가를 나타내는 것

$$C_p = \frac{설계규격의\ 범위}{프로세스의\ 범위} = \frac{규격상한 - 규격하한}{6\sigma}$$

어떤 공정이 능력이 있을 경우, 프로세스 능력비율은 최소한 1.0이 되어야 함. 그러나 1.0 비율은 충분한 것이 아님. 오늘날의 추세는 프로세스 능력비율의 목표를 최소한 1.33으로 하고 있음

프로세스 능력비율과 공정능력

공정능력범위	공정능력
$C_p > 1.33$	공정능력이 충분함
$1.00 \leq C_p < 1.33$	공정능력이 있음
$0.67 \leq C_p < 1.00$	공정능력이 부족함
$C_p < 0.67$	공정능력이 매우 부족함

2) 프로세스 능력지수(process capability index : C_{pk})

프로세스 능력지수는 프로세스가 얼마나 잘 중앙에 놓여 있고 변동성이 받아들여질 수 있는지를 평가함

$$C_{pk} = 최소값\left(\frac{규격상한 - 프로세스평균}{3\sigma}, \frac{프로세스평균 - 규격하한}{3\sigma}\right)$$

프로세스 능력지수 비교

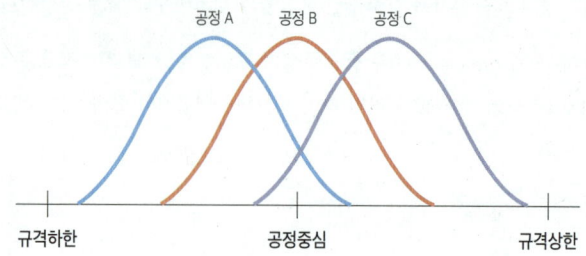

※공정 A, B, C의 C_p값은 모두 동일하지만 공정B가 프로세스 중심에 있기 때문에 C_{pk} 값이 가장 큰 것을 알 수 있다. 따라서 공정이 중심에 잘 위치하고 있는지를 알기 위해서는 C_p 보다는 C_{pk}를 측정하는 것이 더 적절하다.

■ Questions on 프로세스 능력 측정

01 공정능력비율이 1.0 미만이면 공정이 안정상태(under control)를 벗어났다고 판단한다. 2015 CPA

02 공정능력비율이 증가하면 공정의 시그마수준(sigma level)도 증가한다. 2015 CPA

03 설계규격한계(specification limit)가 일정할 때 공정변동(표준편차)이 감소하면 공정능력비율은 증가한다. 2015 CPA

04 공정능력비율이 증가하면 일반적으로 제품 불량률은 감소한다. 2015 CPA

05 공정능력비율은 공정이 설계규격(specification)에 적합한 제품을 생산하는 능력이 어느 정도인지를 측정하는 도구이다. 2015 CPA

06 품질특성 산포의 평균이 규격한계(specification limit)의 중앙에 있고 공정능력지수(C_p)가 1.0인 공정에서 규격한계의 폭이 12라면, 산포의 표준편차는 1.0이다. 2021 CPA

10. 기타 품질관리

(1) 품질경영의 역사

1) 국제 품질표준

① ISO 9000

품질경영에 관한 국제규격으로 시장조사, 제품개발, 제품설계, 생산, 검사, 애프터서비스, 제품폐기 등 제품생산에 요구되는 모든 단계와 필요업무를 체계적으로 정리한 품질보증시스템임

② ISO 14000

원재료의 사용과 유해물질의 생성, 처리, 폐기를 지속적으로 추적하도록 요구하는 표준임

■ Questions on 국제 품질표준

01 ISO 9000 시리즈는 품질 프로그램에 대한 일련의 표준으로 여기에는 유해물질의 생성, 처리, 처분에 관한 자료를 지속적으로 추적하는 것도 포함된다. 2009 CPA

(2) 말콤 볼드리지 품질상(Malcolm Baldridge National Quality Award)

초일류 품질의 제품이나 서비스를 생산하는 기업을 기리기 위해 1987년 미국 하원이 전임 상무부장관의 이름을 따서 제정한 상

■ Questions on 말콤 볼드리지 품질상

01 말콤 볼드리지 상(Malcolm Baldrige National Quality Award)은 국제표준기구(International Organization for Standardization)에 의해 제정된 제3자 기관에 의한 품질시스템 인증제도이다. 2004 CPA

(3) 싱고 시스템(Shingo system)

싱고 시스템(Shingo System)은 품질개선이라는 같은 목적을 추구하고 있지만 그 철학 면에서 통계학적인 접근법을 활용하는 경우하고는 매우 다름

1) 싱고 시스템의 관점

SQC(statistical quality control)는 품질문제 예상시점에 대한 확률적인 정보를 주긴 하지만, 항상 불량이 생기고 난 후에 수집된 정보에 의한 것임. 어떠한 문제가 한 작업장의 작업이 완성된 후에 발견되지 않기 위해서는 품질관리를 그 과정 안에서 진행해야 함

2) 싱고 시스템의 품질관리

싱고(Shingo) 철학의 기본적인 특징은 오류와 결함 사이의 차이. 결함이라는 것은 사람들이 오류를 범하기 때문에 생겨나는 것으로 아무리 오류를 범하는 것이 피할 수 없는 것이라 해도 오류를 범한 바로 후에 피드백으로 인해 올바른 조치를 취한다면 결함을 막을 수 있다고 봄. 이런 피드백과 조치는 검사를 요구하는데, 이 검사는 후공정 작업자에 의한 통제(successive check), 자가통제(self-check) 그리고 불량원인 통제(source inspection) 등 임

3) 포카요케

포카요케(ポカヨケ, Poka-yoke)는 원래 일본어로 "실수를 피하는"이란 뜻으로 빠진 부품이 있는지 알려주고, 부품이 남지 않게 하기 위해 계란판에 조립부품을 보관하고, 부품이 제자리가 아니면 맞지 않게 설계하고, 제품의 무게가 지나치게 적다면 소리를 내는 경보시스템 등이 좋은 예임

■ Questions  싱고 시스템

01 포카요케(poka-yoke)는 종업원에 대한 지속적인 훈련을 통하여 품질오류를 예방하는 프로그램이다. 2005 CPA

02 싱고(Shingo)시스템은 통계적 품질관리(SQC)기법을 일본식 용어로 표현한 것이다. 2006 CPA

| 1 | X | 2 | X |

(4) 품질분임조(QC 서클)

품질, 생산성, 원가 등과 관련된 문제를 해결하기 위해 모이는 작업자 그룹임. 품질분임조는 단순히 의사결정에 작업자를 참여시킨다는 차원을 넘어 작업자들에게 문제해결 기법을 훈련시키고 능동적으로 자료를 구하게 하여 작업자들이 공동으로 문제를 해결하도록 하는데 특징이 있음

■ Questions on QC서클

01 품질분임조(QC서클)는 품질, 생산성, 원가 등과 관련된 문제를 해결하기 위해 모이는 작업자 그룹이다. 2018 CPA

| 1 | O |

(5) ZD 프로그램

통계적 품질관리(SQC)보다는 작업자의 동기부여를 강조하는 ZD(zero defect) 프로그램은 품질관리에 있어서 예방을 강조하는 접근법으로서 처음부터 결점이 없는 완전한 제품을 생산하자는 품질향상운동임

■ Questions on ZD 프로그램

01 ZD(zero defect)프로그램에서는 불량이 발생되지 않도록 통계적 품질관리의 적용이 강조된다. 2018 CPA

| 1 | X |

11. 서비스 품질

SERVQUAL과 SERVPERF 비교

	SERVQUAL 모형	SERVPERF 모형
제안자	Parasuraman, Zeithaml, Berry	Cronin and Taylor
모델의 구성	성과 - 기대	성과
기대의 정의	규범적 기대(제공해야만 할 수준)	기대 측정 안함
측정자원	5개 차원 22개 항목	5개 차원 22개 항목

Questions on 서비스 품질

01 SERVQUAL은 서비스 기업에서 품질관리 목적으로 개발되었으며, 서비스 품질의 여러 가지 결정요인에 대해서 각각의 통계적 관리도와 종합 관리도를 구축하는 품질 통제 기법이다. 2005 CPA

02 SERVQUAL은 기업이 제공하는 서비스가 기업의 입장에서 볼 때 얼마나 자체품질기준에 부합되는가를 측정하는 도구이다. 2006 CPA

03 SERVQUAL은 기대한 서비스(expected service)와 인지된 서비스(perceived service)의 차이를 측정한다. 2007 CPA

04 SERVQUAL은 다양한 서비스 분야 중 호텔, 레스토랑, 여행업에 한정적으로 사용된다. 2007 CPA

05 SERVQUAL은 서비스품질의 갭 모형(quality gap model)을 근거로 고객만족을 조사하기 위한 효과적인 도구이다. 2007 CPA

06 SERVQUAL은 고객이 서비스품질을 판단하는 차원에는 신뢰성(reliability), 반응성(responsiveness), 확신성(assurance), 공감성(empathy), 유형성(tangibles) 등이 있다. 2007 CPA

07 SERVQUAL은 Parasuraman, Zeithaml과 Berry (PZB)의 연구에 의해 개발되었다. 2007 CPA

08 SERVQUAL에서는 서비스를 제공받기 이전의 기대된 서비스 수준과 서비스를 제공받은 이후의 지각된 서비스 수준과의 차이를 통해 품질을 측정하는 방법이 활용된다. 2013 CPA

| 1 | X | 2 | X | 3 | O | 4 | X | 5 | O | 6 | O | 7 | O | 8 | O |

04 생산능력 관리

1. 생산능력계획

(1) 생산능력의 측정

1) 생산능력

생산능력(capacity)은 다음과 같이 2가지로 구분됨

① **설계생산능력** design capacity

설계 시에 결정한, 한 작업 단계, 공정 또는 시설의 최대 산출률이나 서비스 용량

② **유효생산능력** effective capacity

설계생산능력에서 작업자의 개인 시간과 장비 유지 관리 등으로 인한 공제량을 뺀 용량

※ 유효생산능력(effective capacity)은 설계생산능력(design capacity)을 초과할 수 없음

2) 생산설비의 유효성 측정

$$생산능력\ 효율 = \frac{실제산출률}{유효생산능력} \times 100\%$$

$$생산능력\ 이용률 = \frac{실제산출률}{설계생산능력} \times 100\%$$

설계생산능력이 유효생산능력보다 항상 더 크기 때문에 생산능력 이용률(utilization)은 생산능력 효율(efficiency)을 초과할 수 없으며, 설계생산능력이 고정된 상태에서 실제 산출률이 증가하면 생산능력 이용률은 향상됨. 또한 실제 산출률(actual output rate)은 유효생산능력을 초과할 수 없으므로 생산능력 이용률 개선의 핵심은, 품질문제의 해결, 훌륭한 장비 유지 관리, 충분한 직원훈련, 병목 자원의 완전한 활용을 통하여 유효생산능력을 늘리는 것임

설계생산능력 ≥ 유효생산능력
∴ 생산능력 효율 ≥ 생산능력 이용률

■ Questions on 생산능력측정

01 유효생산능력(effective capacity)이란 정상적이고 일반적인 제약 하에서 경제적으로 지속가능한 최대 산출량으로서, 실제산출량이 일정하다면 생산능력의 효율성은 유효생산능력이 클수록 커진다. 2008 CPA

02 능력 유연성(capacity flexibility)은 제품 생산량을 신속히 증감하거나 한 제품 또는 서비스로부터 다른 것으로 전환시키는 능력이다. 2010 CPA

03 생산성(productivity) 향상을 위해서는 투입(input) 대비 산출(output)의 비율을 높여야 한다. 2011 CPA

04 효과적인 생산관리 활동(제품 및 공정설계, 품질관리 등)을 통해 실제산출률은 증가하지만 유효생산능력은 변하지 않는다. 2019 CPA

05 설계생산능력이 고정된 상태에서 실제산출률이 증가하면 생산능력 이용률은 향상된다. 2019 CPA

06 생산능력 이용률(utilization)은 생산능력 효율(efficiency)을 초과할 수 없다. 2019 CPA

07 실제산출률(실제생산능력)은 유효생산능력을 초과할 수 없다. 2019 CPA

08 유효생산능력(effective capacity)은 설계생산능력(design capacity)을 초과할 수 없다. 2019 CPA

(2) 규모의 경제

규모의 경제(economies of scale)란 산출량을 증가시킴으로써 제품 또는 서비스의 평균단가가 감소하는 것을 말함

(3) 규모의 비경제

규모의 비경제(diseconomies of scale)란 설비의 규모가 증가함에 따라 평균단가가 증가하는 것을 말하는데 이것은 과도한 설비규모가 복잡성, 초점의 상실, 비효율성 등으로 인하여 제품이나 서비스의 평균단가를 상승시키기 때문임

규모의 경제와 규모의 비경제

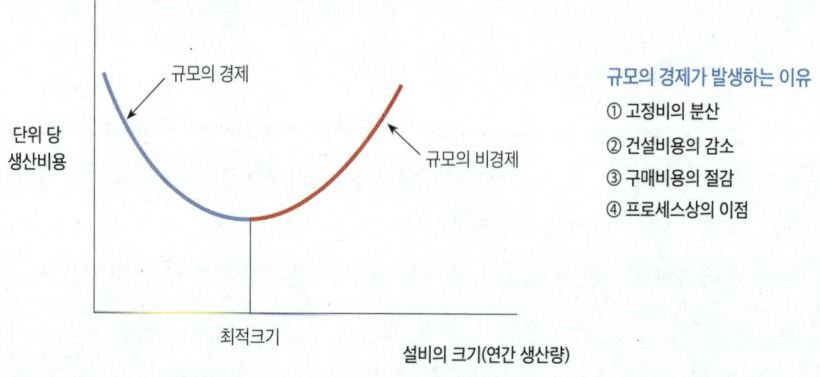

Questions on 규모의 경제

01 규모의 비경제(diseconomies of scale)는 과도한 설비규모가 복잡성, 커뮤니케이션의 장애, 운영초점의 상실 등을 초래하여 단위당 평균원가가 상승하는 현상을 의미한다. 2008 CPA

02 규모의 경제(economies of scale)는 생산량의 증가 등으로 인해 단위 당 고정비가 줄어 단위 당 평균원가가 감소하는 현상을 의미한다. 2008 CPA

03 범위의 경제(economies of scope)는 여러 제품을 각각 독립적으로 생산하는 것보다 조합하여 함께 생산함으로써 더 낮은 원가로 생산할 수 있는 능력을 의미한다. 2010 CPA

04 설비 가동률의 최소화를 통해 규모의 경제(economies of scale)를 달성하면 원가 절감이 가능하다. 2017 CPA

| 1 | O | 2 | O | 3 | O | 4 | X |

2. 생산능력 증감 시점 및 규모 전략

(1) 여유생산능력(capacity cushion)

수요의 불확실성을 고려하여 예상 수요보다 많게 생산용량을 계획하는 것을 말하며, 관행적으로 이 여분은 절대량으로 나타내지 않고 백분율로 나타냄

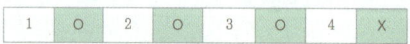

여유생산능력 = (100% − 이용률)

상황에 따른 여유생산능력의 결정

높은 여유생산능력	낮은 여유생산능력
1. 수요의 불확실성이 높을 때 2. 고객서비스가 중요한 산업	1. 표준 제품이나 서비스 2. 자본집약도가 높은 산업 3. 생산설비의 신뢰도가 높을 때 4. 인력의 유연성이 높을 때

Questions on 여유생산능력

01 다른 조건이 동일하다면 자본집약도가 높은 기업일수록 여유생산능력을 적게 유지하는 것이 바람직하다. 2008 CPA

02 여유생산능력(capacity cushion)은 평균가동률이 100% 이하로 떨어진 정도를 의미하며, 다른 조건이 동일하다면 수요의 변동이 큰 업종일수록 여유생산능력을 크게 유지하는 것이 바람직하다. 2008 CPA

03 여유생산능력(capacity cushion)은 기대 수요를 초과하는 생산능력이다. 2010 CPA

(2) 확장의 시기 및 규모

1) **확장주의 전략(expansionist strategy)**
   수요에 앞서서 확장하기 때문에 불충분한 생산능력으로 인한 판매 손실의 기회를 최소화

2) **관망전략(wait-and-see strategy)**
   새로운 설비를 신축하는 것과 같은 방법보다는 현재의 설비를 보수하는 것처럼 작은 폭으로 생산능력을 확대하는 전략

생산능력 전략

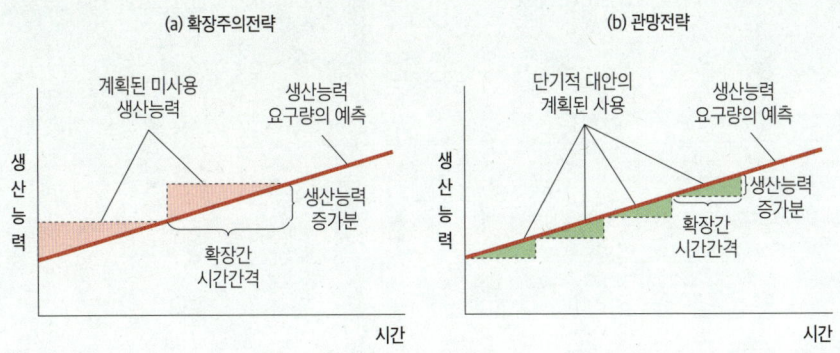

3. 필요 생산용량의 추정

(1) 용량 소요량 계산

$$\text{용량소요량} = \frac{\text{1년치 수요량을 처리하는 시간}}{\text{여유를 제외하고 한 작업단위 (기계, 작업자) 의 1년치 작업시간}}$$

$$M = \frac{D_p}{N[1-(C/100)]}$$

단, D = 연간예측수요량(고객이나 제품 수)
p = 처리시간(제품 단위나 고객 1인당 시간)
N = 연간설비가동시간
C = 원하는 여유생산능력(단위:%)

Q&A 용량 소요량 계산

2개의 고객사를 위해 보고서를 제본하는 복사집이 있다. 보고서는 하나마다 복사본을 여러 권 만든다. 복사본을 복사, 정리, 제본하는데 걸리는 처리시간은 보고서의 페이지 수에 따라 달라진다. 복사집은 하루 8시간씩 연간 250일 운영된다. 복사집 사장은 여유용량(capacity cushion)이 15%이면 좋다고 생각한다. 현재 복사기는 3대가 있다. 다음 정보를 이용하여 이 복사집에 필요한 복사기는 몇 대인지 결정하라.

항목	고객 1	고객 2
연간 수요 예측(권)	2,000	6,000
표준 처리시간(시간/권)	0.5	0.7
표준 로트 크기(권/보고서)	20	30
표준 가동준비 시간(시간)	0.25	0.40

Q&A

$$\text{용량소요량} = \frac{(1)\ \text{고객 1 처리시간} + (2)\ \text{고객 2 처리시간}}{(3)\ \text{복사기 1대 가용시간}}$$

(1) 고객 1
  1로트 처리시간 = 가동준비시간 + 생산시간
           = 0.25 + (20권 × 0.5)
           = 10.25시간
  로트 수 = 2,000권 ÷ 20권 = 100로트
  총처리시간 = 10.25시간 × 100로트 = 1,025시간

(2) 고객 2
  1로트 처리시간 = 가동준비시간 + 생산시간
           = 0.40 + (30권 × 0.7)
           = 21.40시간
  로트 수 = 6,000권 ÷ 30권 = 200로트
  총처리시간 = 21.40시간 × 200로트 = 4,280시간

(3) 복사기 1대 가용시간
  복사기 1대 가용시간 = 250일 × 8시간 × (1 − 0.15)
  = 1,700시간

$$\text{용량소요량} = \frac{(1)\ \text{고객 1 처리시간} + (2)\ \text{고객 2 처리시간}}{(3)\ \text{복사기 1대 가용시간}} = \frac{1{,}025 + 4{,}280}{1{,}700} = 3.12$$

올림하면 4대의 복사기가 필요함

Questions on 생산용량

01 배치크기(batch size)에 관계없이 일정한 가동준비시간(set-up time)과 단위 제품 당 동일한 공정시간(run time)을 갖는 공정에서 배치크기가 증가하면 일반적으로 공정의 생산능력(capacity)이 증가하는 경향이 있다. 2011 CPA

02 가동준비(setup)가 필요한 뱃치공정(batch process)에서 가동 준비시간이 늘어나면 생산능력이 증가되는 효과가 있다. 2018 CPA

4. 프로세스 제약관리

(1) 제약의 파악

제약(constraints)이란 시스템의 성과를 제한시키고, 산출을 한정시키는 요인으로, 만약 일부 단계에 제약이 있으면 생산능력에 불균형(일부 부서는 너무 높고, 일부 부서는 너무 낮음)이 발생하고, 그 결과 병목의 생산능력(capacity)이 전체 시스템의 생산능력을 제한함

(2) 제약이론(TOC: theory of constraints)

1) 개요

골드랫(E. Goldratt)에 의해 개발된 제약이론의 주요 논리는 병목작업의 해소에 초점을 맞추면, 생산능력과 관련된 복잡성의 많은 부분을 피해갈 수 있다는 것. 그는 생산 시스템의 생산량은 병목작업에 의해 줄어들게 되는데, 이를 해결하기 위해서는 병목이 아닌 작업들을 병목작업의 유휴시간이 최소화되도록 계획을 수립해야 한다고 주장하였음

2) 작업흐름을 최대화하는 절차

① 병목공정의 확인
② 병목공정의 활용
③ 다른 모든 의사결정을 위의 결정사항(제약)에 종속시킴
④ 제약을 향상시킴
⑤ 지속적 개선(1단계로 돌아감)

■ Questions on 병목

01 4초 - 12초 - 6초 - 10초 네 개의 순차적인 단계를 거쳐 제품이 조립되는 생산라인이 있다. 네 단계 중 생산량에 제약을 주는 병목공정(bottleneck operation)은 두번째 공정이며, 작업수행시간의 조정을 통해 해당 병목공정의 작업수행시간이 5초로 조정된다면 전체 공정에서의 1분당 생산량은 6개가 된다. 2004 CPA

02 버퍼(buffer)가 존재하지 않는 5초 - 10초 - 7초 - 3초 4개의 작업장으로 구성된 생산 프로세스에서 병목(bottleneck)이 발생하는 것은 두번째 작업장이다. 2022 CPA

3) 드럼-버퍼-로프 시스템

제약이론은 시스템을 관리하기 위해 drum-buffer-rope 개념을 사용함

① 드럼

전체 공정의 생산율을 결정하는 신호음. 신호음은 병목공정이 냄

② 버퍼

작업단계 간의 저장공간 혹은 시간여유

③ 로프

병목이 처리할 수 있는 속도보다 빠르게 자재를 시스템에 투입하지 못하게 하는 의사소통 장치

> **버퍼, 작업장애, 작업공전**
> 버퍼(buffering)란 작업단계 간의 저장공간을 의미하는데, 후속 프로세스에서 작업이 시작되기 전에 머무는 공간을 말함. 버퍼는 각 프로세스 단계가 독립적으로 작업할 수 있는 여건을 조성해줌. 만일 버퍼가 존재하지 않는다면 작업장애 또는 작업공전이 발생하게 됨. 작업장애(blocking)란 재공품을 작업 후 보관할 장소가 없는 경우에 작업을 어쩔 수 없이 중단해야 하는 경우를 말하며, 작업공전(starving)은 선행 프로세스에서 작업물량이 원활히 공급되지 못하며 버퍼가 없을 경우에 작업량이 없어서 작업진행을 할 수 없는 경우를 말함

Questions on 버퍼

01 순차적으로 연결된 작업 단위들 사이에 존재하는 재공품 재고는 두 작업 간의 생산 흐름이 불균형을 이루고 있다는 의미로 볼 수 있다. 2006 CPA

02 직렬로 연결된 두 개의 공정 사이에 버퍼(buffer)를 두는 것은 작업장애(blocking) 혹은 작업공전(starving)을 방지하는 데 도움이 된다. 2013 CPA

03 연속된 두 작업장에 할당된 작업부하(workload)의 균형이 맞지 않을 경우 작업장애(blocking) 또는 작업공전(starving) 현상이 발생한다. 2021 CPA

04 버퍼(buffer)가 존재하지 않는 5초 - 10초 - 7초 - 3초 4개의 작업장으로 구성된 생산 프로세스에서 작업공전(starving)은 세번째 작업장에서 발생한다. 2022 CPA

4) 제약이론의 목표

골드랫은 '기업의 목표는 돈을 버는 것이다'라는 매우 단순한 생각을 가지고 있었으며, 개선의 효과를 평가하기 위해 다음의 3개 척도를 사용

① 재무적 측정기준
- 순이익 – 화폐가치를 통한 절대적 기준
- 투자수익률 – 투자규모를 고려한 상대적 기준
- 현금흐름 – 생존 가능성 기준

이 3가지 기준은 반드시 함께 사용되어야 함

② 운영적 기준
- 산출(throughput) – 판매를 통하여 시스템에 의해 창출된 돈
- 재고(inventory) – 판매를 목적으로 한 물건들을 구매하는데 투자된 모든 돈
- 운영비용(operating expenses) – 재고를 산출로 전환하는데 시스템이 소비하는 모든 돈

③ 생산성

생산성은 기업이 목표(산출증대, 재고축소, 운영비용 감소)를 달성하려는 모든 행동들

Questions on 제약이론

01 기업의 궁극적인 목표는 고객만족과 사회적 책임 등을 포괄하는 다차원적인 것으로 파악되어야 한다. 2006 CPA

02 서로 다른 제약자원들이 동시에 존재하는 시스템에서는 투자수익률에 근거하여 우선적인 개선대상을 결정한다. 2006 CPA

03 생산시스템의 운영적 측면에서 활용할 수 있는 성과척도는 Throughput, Inventory, Operating Expenses 등 세 가지이다. 2006 CPA

04 제약자원에 대한 파악과 능력개선은 필요한 경우에만 실시해야 한다. 2006 CPA

05 모든 성과지표들 중 가장 중요한 것은 순이익(net profit)이다. 2006 CPA

5. 라인 프로세스의 제약관리

(1) 라인밸런싱

라인밸런싱(line balancing)이란 라인 프로세스가 최소의 작업장 수로 원하는 산출을 얻도록 작업을 할당하는 과정

작업장 수와 생산성

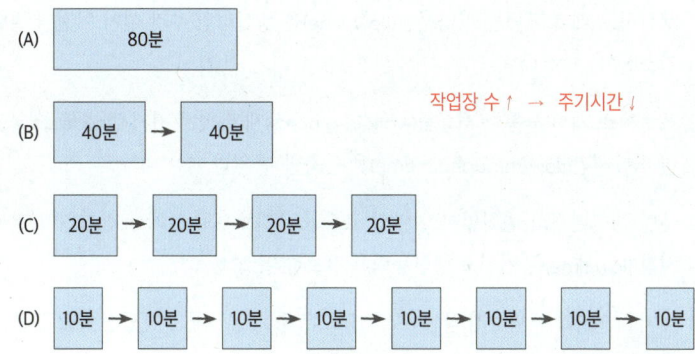

작업장 수 ↑ → 주기시간 ↓

라인밸런싱의 목표
1. 각 작업장마다 할당된 과업의 총수행시간은 주기시간을 넘지 않아야 한다.
2. 모든 작업장에 걸친 총유휴시간은 최소가 되어야 한다.

Questions on 라인밸런싱

01 라인 밸런싱(line balancing)은 연속적인 흐름을 갖는 공정에서 최소의 작업장 수로 원하는 생산속도를 달성하기 위해 작업을 작업장에 할당하는 것이다. 2009 CPA

02 라인밸런싱의 목적은 작업장(work-station)별 작업시간의 균형을 이루어 유휴시간(idle time)을 최소화하는 것이다. 2015 CPA

03 라인밸런싱은 제품별배치(product layout)의 설계를 위해 사용한다. 2015 CPA

04 주기시간(cycle time)은 작업장 수를 늘릴수록 줄어든다. 2021 CPA

1) 흐름시간

흐름시간은(flow time) 서비스 및 제조시스템에서 작업에 소비하는 시간

■ Questions on 흐름시간

01 ㈜설악에서는 시간당 100개의 제품 생산이 가능한 한 개의 생산라인을 보유하고 있다. 최근 수요의 증가에 따라 동일한 생산라인을 추가로 한 개 더 설치하면 하나의 제품을 생산하는 데 소요되는 처리시간(flow time)은 생산라인 추가 설치 이전의 절반 수준으로 감소한다. 2013 CPA

02 프로세스 개선을 통한 재공품(work-in-process)재고 및 주기시간(cycle time)을 최대화하면 흐름시간(flow/throughput time)을 단축할 수 있다. 2017 CPA

03 제반 생산환경의 변화없이 설비의 고장과 유지보수로 인해 시간지연이 길어지면 처리시간(flow time)은 커지고 생산능력은 감소한다. 2020 CPA

04 버퍼(buffer)가 존재하지 않는 5초 - 10초 - 7초 - 3초 4개의 작업장으로 구성된 생산 프로세스에서 흐름시간(flow time)은 25초이다. 2022 CPA

| 1 | X | 2 | X | 3 | O | 4 | O |

2) 바람직한 산출률

라인밸런싱의 목적은 산출률을 인력계획이나 생산 계획에 맞추는 것임

예 일주일에 수요가 2,400단위 발생하고 라인이 일주일에 40시간 운영된다면 이론적인 산출률은 시간당 60개임

3) 주기시간

주기시간(cycle time)은 각 작업장에서 한 단위 생산에 허락된 최대시간임

예 라인의 바람직한 산출률이 시간 당 60개이면, 주기시간은 1/60시간=1분=60초임

$$C = \frac{1시간}{r} = \frac{3{,}600초}{r}$$

단, c = 주기시간(시간)
r = 산출률(단위/시간)

■ Questions on 주기시간

01 모든 병목(bottleneck)공정의 주기시간(cycle time)을 단축시킴으로써 일반적으로 전체 공정의 주기시간을 단축시킬 수 있다. 2011 CPA

02 10초 - 20초 - 15초 - 10초 4개의 순차적인 과업을 통해 제품이 완성되는 조립라인이 있다. 조립라인 균형을 고려하였을 때, 주기시간을 20초로 결정한다면, 8시간 동안 총 1,400개의 수요를 충족시키는데 문제가 없다. 2012 CPA

03 10초 - 20초 - 15초 - 10초 4개의 순차적인 과업을 통해 제품이 완성되는 조립라인이 있다. 조립라인 균형을 고려하였을 때, 최소주기시간은 20초이다. 2012 CPA

04 ㈜설악에서는 시간 당 100개의 제품 생산이 가능한 한 개의 생산라인을 보유하고 있다. 최근 수요의 증가에 따라 동일한 생산라인을 추가로 한 개 더 설치하면 회사 전체의 주기시간(cycle time)은 생산라인 추가 설치 이전의 절반 수준으로 감소하고 시간당 생산능력은 2배 수준으로 증가한다. 2013 CPA

05 생산라인의 주기시간(cycle time)은 병목(bottleneck) 작업장의 작업시간보다 작다. 2015 CPA

06 주기시간은 가장 짧은 작업시간을 갖는 작업장과 가장 긴 작업시간을 갖는 작업장의 작업시간 사이의 값을 갖는다. 2016 CPA

07 조립라인의 생산능력(capacity) 비교를 위해 각 조립라인의 주기시간 당 생산되는 제품의 수가 활용된다. 2016 CPA

08 생산능력이 감소하면 주기시간이 짧아지는 경향이 있다. 2018 CPA

09 주기시간을 줄이기 위해서는 작업장 수를 줄일 필요가 있다. 2019 CPA

10 주기시간(cycle time)은 병목(bottleneck) 작업장의 작업시간과 동일하다. 2019 CPA

11 제반 생산환경의 변화없이 로트크기(lot size)를 크게 하면 생산능력은 증가하고 재고는 감소한다. 2020 CPA

12 제반 생산환경의 변화없이 주기시간(cycle time)을 단축하면 생산능력은 증가한다. 2020 CPA

13 제반 생산환경의 변화없이 준비시간(setup time)이 길어지면 생산능력은 감소한다. 2020 CPA

14 목표 산출률을 높이기 위해서는 이를 달성할 수 있는 목표 주기시간도 늘어나야 한다. 2021 CPA

15 버퍼(buffer)가 존재하지 않는 5초 - 10초 - 7초 - 3초 4개의 작업장으로 구성된 생산 프로세스에서 시간 당 생산량은 720단위이다. 2022 CPA

1	O	2	O	3	O	4	O	5	X	6	X	7	X	8	X
9	X	10	O	11	X	12	O	13	O	14	X	15	X		

4) 이론적 최소치

바람직한 산출률을 달성하기 위해 라인밸런싱을 활용하여 선행조건을 만족시키면서도 작업장의 수(n)를 최소화할 수 있도록 작업을 각 작업장에 할당하는데, 이를 이론적 최소치(TM: theoretical minimum)라고 함

> 예 모든 작업요소 시간의 합이 15분이고, 주기시간이 1분이면, 이론적으로 가능한 최소작업장 수는 15/1=15임. 소수점 아래는 올림

$$TM = \frac{\sum t}{c}$$

단, $\sum t$ = 단위 당 총 조립시간(모든 작업 요소의 표준시간의 합)
c = 주기시간

■ Questions on 이론적 최소치

01 10초 - 20초 - 15초 - 10초 4개의 순차적인 과업을 통해 제품이 완성되는 조립라인이 있다. 조립라인 균형을 고려하였을 때, 주기시간을 20초로 결정한다면, 4개의 작업장이 필요하다. 2012 CPA

| 1 | O |

5) 총유휴시간

총유휴시간(idle time)이란 한 단위 조립마다 각 작업장이 낭비하는 시간의 합

$$총유휴시간 = nc - \sum t$$

단, n = 작업장의 수
c = 주기시간
$\sum t$ = 단위 당 총 조립시간(모든 작업 요소의 표준시간의 합)

■ Questions on 총유휴시간

01 10초 - 20초 - 15초 - 10초 4개의 순차적인 과업을 통해 제품이 완성되는 조립라인이 있다. 조립라인 균형을 고려하였을 때, 주기시간을 20초로 결정한다면, 총유휴시간(total idle time)은 25초이다. 2012 CPA

02 생산라인의 총유휴시간이 감소하면 밸런스지체(balance delay)는 감소한다. 2015 CPA

03 생산라인의 총유휴시간이 감소하면 라인효율(efficiency)은 증가한다. 2015 CPA

04 각 작업장의 이용률은 유휴시간(idle time)이 클수록 낮아진다. 2021 CPA

6) 밸런스 효율

전체 시간 중 생산적인 시간의 비율을 백분율로 표현한 것

$$\text{밸런스 효율} = \frac{\sum t}{nc}$$

Questions on 밸런스 효율

01 10초 - 30초 - 5초 세 개의 순차적인 과업을 통해 제품을 조립하는 생산라인이 있다. 이를 하루 8시간 가동할 때 하루 생산량은 960개이다. 2002 CPA

02 10초 - 30초 - 5초 세 개의 순차적인 과업을 통해 제품을 조립하는 생산라인이 있다. 이를 하루 8시간 가동할 때 조립라인 균형의 효율(efficiency)은 50%이다. 2002 CPA

03 10초 - 20초 - 15초 - 10초 4개의 순차적인 과업을 통해 제품이 완성되는 조립라인이 있다. 조립라인 균형을 고려하였을 때, 주기시간을 20초로 결정한다면, 생산라인의 효율(efficiency)은 36%이다. 2012 CPA

04 조립라인의 변경 없이 주기시간을 늘리는 경우, 조립라인 균형의 효율성은 감소한다. 2016 CPA

05 작업장 수를 고정하면 주기시간을 줄일수록 밸런스 효율은 향상된다. 2019 CPA

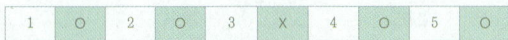

7) 밸런스 지체

밸런스 지체(balance delay)는 100%와 효율의 차이

$$\text{밸런스 지체(\%)} = 100\% - \text{밸런스 효율}$$

■ Questions on 밸런스 지체

01 밸런스 효율(balance efficiency)과 밸런스 지체(balance delay)를 합하면 항상 100%가 된다. 2019 CPA

| 1 | O |

8) 유휴시간, 밸런스 효율, 밸런스 지체의 관계

> 유휴시간↓ = 밸런스 효율↑ = 밸런스 지체↓

이용률, 유휴시간, 밸런스효율의 관계

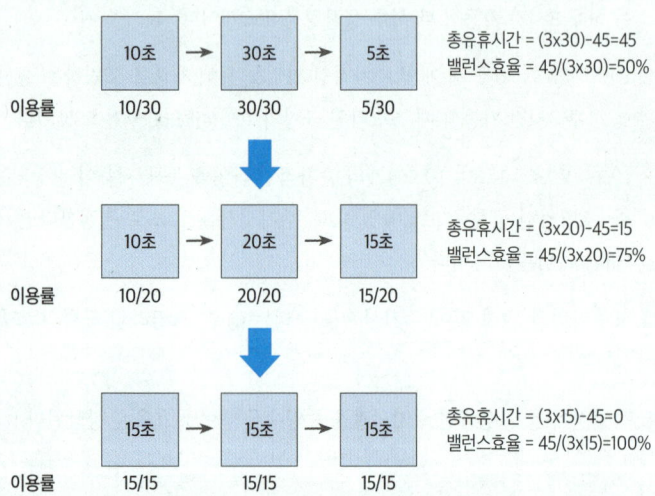

※ 모든 작업장의 이용률(utilization)이 100%라면 전체 생산라인의 효율(efficiency)도 100%이다.
※ 각 작업장의 이용률은 유휴시간(idle time)이 클수록 낮아진다.

■ Questions on 이용률, 유휴시간, 밸런스효율의 관계

01 생산능력(capacity)이 증가하면 이용률이 증가하는 경향이 있다. 2018 CPA

02 병목공정(bottleneck process)의 이용률(utilization)은 비병목공정의 이용률보다 낮다. 2018 CPA

03 라인밸런싱의 결과, 모든 작업장의 이용률(utilization)이 100%라면 전체 생산라인의 효율(efficiency)도 100%이다. 2021 CPA

04 버퍼(buffer)가 존재하지 않는 5초 - 10초 - 7초 - 3초 4개의 작업장으로 구성된 생산 프로세스에서 네번째 작업장의 이용률(utilization rate)은 30%이다. 2022 CPA

| 1 | X | 2 | X | 3 | O | 4 | O |

9) 리틀의 법칙

리틀의 법칙(Little's law)은 작업처리비율, 처리시간 그리고 재공품 재고량들 간의 수학적인 관계를 보여줌

① **작업처리비율** throughput rate

시스템이 단위시간 당 생산할 수 있는 능력 주기시간이 짧을수록 높아짐

> 예 주기시간이 30초인 시스템에서는 30초마다 완제품이 생산되므로 작업처리비율은 2개/분임

② **처리시간** throughput time

한 개의 제품이 완성되기 위하여 필요한 프로세스 간 이동시간의 합

> 예 제품이 완성되기 위해 주기시간이 30초인 6개의 프로세스를 거쳐야 하고 한 프로세스에서 다른 프로세스로 이동하는데 걸리는 시간이 개당 10초라고 가정하면 처리시간은 230초(=30×6+10×5)임

$$처리시간\,(T) = \frac{재공품\,(I)}{작업처리비율\,(R)}$$

공식을 변형하면 다음과 같음

$$처리시간\,(T) = \frac{1}{작업처리비율\,(R)} \times 재공품\,(I)$$

$$처리시간\,(T) = 주기시간 \times 재공품\,(I)$$

> 예 조립라인에 존재하는 재공품이 20개이고, 주기시간이 2분인 경우, 조립라인 처리시간(flow/throughput time)은 40분이다.

$$재공품\,(I) = 작업처리비율\,(R) \times 처리시간\,(T)$$

> 예 처리시간이 동일할 때 작업처리 비율이 높을수록 재공품 재고가 더 많다.

Q&A

1. 생산라인에 재공품 1단위를 가진 6개의 작업장으로 구성되고 작업처리비율이 1분마다 2개라면 처리시간은?

$$처리시간(T) = \frac{재공품(I)}{작업처리비율(R)} = \frac{6단위}{2단위} = 3분$$

2. 평균적으로 1시간에 6명의 고객을 처리하며, 고객이 평균 3시간을 머무는 카페 내부의 평균 고객수는?

$$재공품(I) = 처리시간(T) \times 작업처리비율(R) = 3시간 \times 6명 = 18명$$

Questions on 리틀의 법칙

01 처리시간(flow time 또는 throughput time)이 동일한 두 공정에서 일반적으로 주기시간이 짧은 공정의 재공품(WIP: Work-in-process) 개수가 적다. 2011 CPA

02 ㈜설악에서는 시간당 100개의 제품 생산이 가능한 한 개의 생산라인을 보유하고 있다. 최근 수요의 증가에 따라 동일한 생산라인을 추가로 한 개 더 설치하면 회사 내부에 존재하는 재공품재고(work in process)는 생산라인 추가 설치 이전의 2배 수준으로 증가한다. 2013 CPA

03 조립라인에 존재하는 재공품이 20개이고 주기시간이 2분인 경우, 조립라인의 처리시간(flow/throughput time)은 30분 이내이다. 2016 CPA

04 주기시간(cycle time)의 변동없이 처리시간(flow 또는 throughput time)을 감소시키면 재공품재고도 감소되는 경향이 있다. 2018 CPA

05 주민센터 A의 업무 프로세스는 리틀의 법칙(Little's law)을 따른다. 이 주민센터의 시간당 처리 민원인 수가 10명이고, 민원인 한 명이 민원 해결을 위해 평균 30분을 주민센터에 머문다고 할 경우 어느 특정 시간에 주민센터 A 내에 머물고 있는 평균 민원인 수는 5명이다. 2022 CPA

Q&A 라인밸런싱

아래의 표와 같이 6개의 순차적 작업요소로 구성된 조립라인이 있다. 시간 당 40개의 제품을 생산하려 할 때, 주기시간, 이론적 최소치, 유휴시간, 효율을 각각 구하시오

작업	A	B	C	D	E	F	합계
소요시간	40초	85초	75초	40초	45초	85초	365초

1. 주기시간

$$주기시간 = \frac{1시간}{40} = \frac{3600초}{40} = 90초$$

2. 이론적 최소치

$$TM = \frac{365초}{90초} = 4.0555 ≒ 5개$$

이론적 최소치 5는 실현가능하다. 왜냐하면 D와 E 작업요소를 합쳐서 하나의 작업장을 만들면 되기 때문이다.

새롭게 구성된 작업장은 아래 표와 같다.

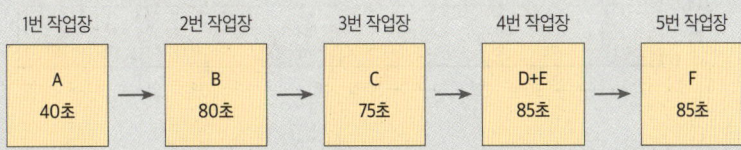

3. 총유휴시간

$$총유휴시간 = 5 \times 85초 - (40 + 80 + 75 + 40 + 45 + 85)$$
$$= 425 - 365 = 60초$$

4. 밸런스 효율

$$밸런스\ 효율 = \frac{365}{5 \times 85} = \frac{365}{425} = 0.8588 = 85.88\%$$

※ 작업장을 구성한 후에는 총유휴시간과 밸런스 효율 계산에 병목작업장의 시간 즉 '85초'를 주기시간으로 사용함

※ 참고로 앞의 8개 작업을 모두 한 작업장에 배치하면 주기시간은 365초가 된다. 반대로 모든 작업을 각각 따로 작업장에 배치하면 주기시간은 가장 긴 작업시간인 85초가 된다. 따라서 주기시간은 가장 긴 작업시간과 모든 작업시간의 합 사이 값을 갖는다.

05 공급사슬관리

1. **채찍효과**

   채찍효과(bullwhip effect)란 공급사슬 상류의 기업일수록 주문의 변동을 더 크게 겪고, 그 결과로 기업이 보유하는 재고량에 영향을 미치는 것을 말함. 즉 공급사슬의 하류에서 생긴 수요의 변화가 상류로 거슬러 갈수록 그 크기가 증폭되는 현상

   화장지 공급사슬의 역동성

   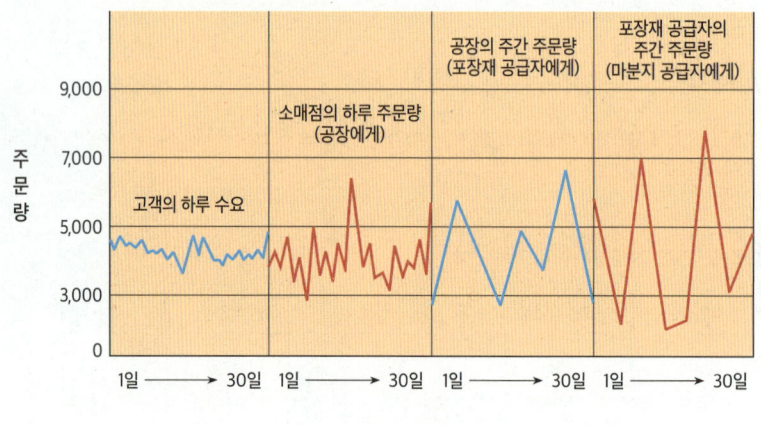

   (1) 채찍효과의 원인

   ① 수요정보의 부재
   ② 긴 리드타임
   ③ 정보 공유의 지연
   ④ 배치주문(order batching)
   ⑤ 수량할인으로 인한 선구매(forward buying)

   (2) 채찍효과의 시사점

   ① 공급사슬은 상호작용이 매우 큰 시스템임
   ② 공급사슬에는 흔히 채찍효과가 나타남
   ③ 모든 단계에 완전한 정보가 제공된다 해도 공급사슬에 채찍효과가 나타날 수 있음
   ④ 공급사슬을 개선하는 가장 좋은 방법은 전체의 리드타임을 단축하고 최단시간 내에 실제 수요정보를 모든 단계에 알리는 것

Questions on 채찍효과

01 공급사슬에서 채찍효과란 고객으로부터 소매점, 도매점, 제조업체, 부품업체의 순으로 사슬의 상류로 가면서 최종 소비자의 수요 변동에 따른 수요 변동폭이 증폭되어 가는 현상을 말한다. 2005 CPA

02 정보와 물류의 리드타임이 길수록 공급사슬내의 채찍효과(bullwhip effect)로 인한 현상은 감소한다. 2008 CPA

03 정보기술 등을 활용하여 공급사슬 참여자 간에 수요 및 생산계획에 관한 정보를 공유함으로써 채찍효과(bullwhip effect)를 감소시킬 수 있다. 2011 CPA

04 주문에서 납품까지 리드타임이 길어질수록 채찍효과(bullwhip effect)는 커지게 된다. 2012 CPA

05 공급사슬은 상호작용이 큰 시스템으로서 어느 한 부분의 의사결정이 나머지 다른 부분에 영향을 미칠 수 있다. 2012 CPA

06 전자문서교환(EDI), 무선주파수인식(RFID)과 같은 정보기술을 활용하여 공급사슬망 가시성(visibility)을 높인다. 2014 CPA

07 채찍효과를 감소시키기 위해 생산 및 운송에 소요되는 공급사슬망 리드타임을 줄인다. 2014 CPA

08 채찍효과를 감소시키기 위해 유통업자 및 소매상의 재고를 공급자가 직접 모니터링하고 필요시에 재고를 자동적으로 보충하는 공급자 재고관리(vendor managed inventory)를 도입한다. 2014 CPA

09 채찍효과를 감소시키기 위해 계획 수립과 예측, 재고보충에 있어 공급사슬망 구성원 간의 정보공유를 강화한다. 2014 CPA

10 공급사슬망 중개업자의 단계 수를 늘리고 제품을 다양화함으로써 공급사슬망의 유연성을 증대시킨다. 2014 CPA

1	O	2	X	3	O	4	O	5	O	6	O	7	O	8	O
9	O	10	X												

➜ 다음장에 문제 계속

11 공급사슬 참여자 간에 원활한 정보공유가 이루어지지 않는 경우, 공급사슬에서 고객과의 거리가 멀어질수록 주문의 변동 폭이 증가하는 채찍효과(bullwhip effect)가 발생할 수 있다. 2016 CPA

12 묶음단위 배치주문(order batching)과 수량할인으로 인한 선구매(forward buying)는 공급사슬의 채찍효과(bullwhip effect)를 초래하는 원인이 된다. 2019 CPA

(3) 통합된 공급사슬의 설계

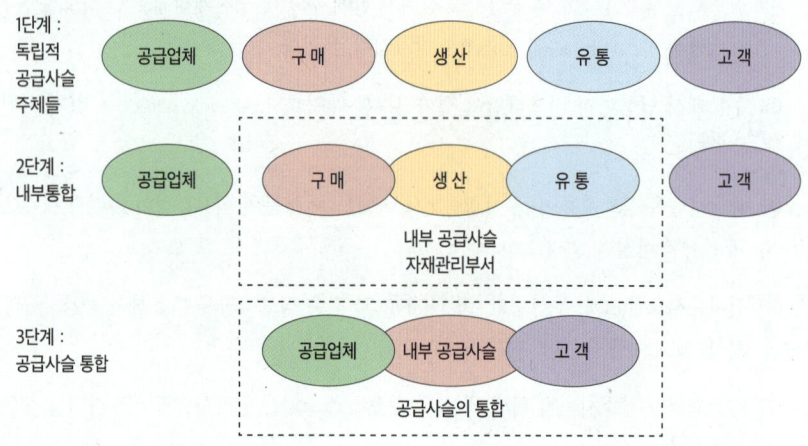

※ 공급사슬에 속한 기업들 간에 상호의존성이 높기 때문에 공급사슬 통합을 위해서는 개별 기업의 최적화 이후 통합보다는 공급사슬 전체 차원에서 개별기업의 활동을 조율하는 것이 바람직

Questions on 통합된 공급사슬 설계

01 공급사슬에 속한 기업들 간의 기본적 관계는 공급자와 구매자 간의 관계로서, 공급사슬은 공급자와 구매자 간의 관계가 연달아 이어지는 관계의 사슬이라고도 볼 수 있다. 2008 CPA

02 공급사슬을 구성하는 각 조직들은 서로 상반된 목표를 갖고 있는 것이 일반적이므로 개별 조직들의 최적화를 이룬 후에 전체 공급사슬의 최적화를 달성하는 것이 바람직하다. 2011 CPA

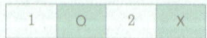

1) 공급사슬운영참조 모델(SCOR model)

SCOR 모델(supply chain operations reference model)은 Supply Chain Council에서 70개의 세계적 선도 제조기업의 도움으로 개발한 공급사슬 운영에 대한 참조모형으로, 통합된 공급사슬의 설계가 복잡하며 프로세스 관점(process view)을 요구한다는 점을 강조함. 이 모델은 계획(plan), 조달(source), 생산(make), 전달(deliver) 및 회수(return) 프로세스가 계속 반복되는 기본적인 형태의 공급사슬에 초점을 둔 프레임워크임

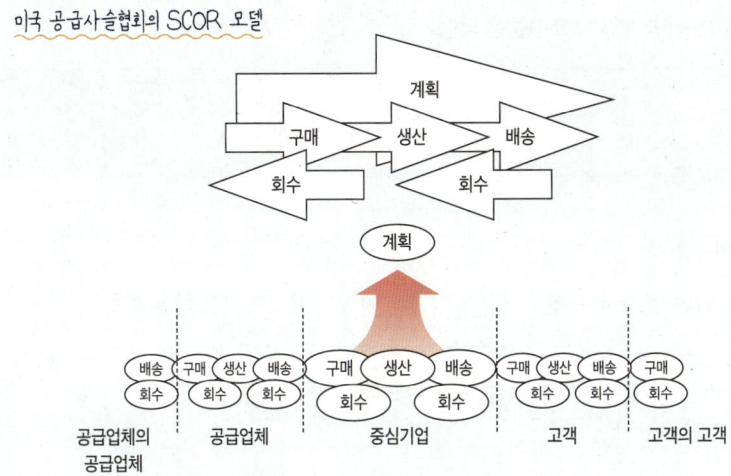

■ Questions on SCOR 모델

01 공급사슬운영참조(SCOR) 모델에서는 공급사슬 운영을 계획(plan), 조달(source), 생산(make), 배송(deliver), 판매(sell)의 다섯 개의 프로세스 범주로 나눈다. 2012 CPA

1	X

2. 공급사슬의 성과척도

(1) 재고 측정치

1) 평균 총재고액

평균 총재고액(average aggregate inventory value)은 어느 기업에서 재고로 보유하고 있는 품목의 총 평균가치를 의미함

$$\begin{pmatrix} 평균 \\ 총재고액 \end{pmatrix} = \begin{pmatrix} A의 \\ 일상적 보유량 \end{pmatrix}\begin{pmatrix} A의 \\ 단가 \end{pmatrix} + \begin{pmatrix} B의 \\ 일상적 보유량 \end{pmatrix}\begin{pmatrix} B의 \\ 단가 \end{pmatrix}$$

2) 재고일수(공급주수)

재고일수는 평균 총재고액을 연간 매출원가로 나눈 값임. 따라서 재고일수란 기업이 평균적으로 몇 일 분의 공급량에 해당하는 재고를 보유하고 있는가를 나타내며, 재고일수가 작을수록 전반적인 재고수준은 낮음

$$재고일수 = \frac{평균\ 총재고액}{연간\ 매출원가}$$

3) 재고자산회전율

원가로 표현된 연간 매출액을 연간 유지되는 평균 총재고가치로 나눈 값임

$$재고자산회전율 = \frac{연간\ 매출원가}{평균\ 총재고액}$$

※ 재고자산회전율과 재고공급일수는 서로 역의 관계이므로 재고자산회전율을 높이기 위해서는 재고공급일수는 작아져야 함

■ Questions on 공급사슬의 성과척도

01 공급사슬 성과측정치 중 하나인 재고회전율은 연간매출원가를 평균 총 재고가치로 나눈 것이다. 2008 CPA

02 재고회전율(inventory turnover)이 높다는 것은 기업이 평균적으로 높은 수준의 재고를 보유하고 있어 금융자산의 활용도가 낮다는 것을 의미한다. 2011 CPA

03 재고일수는 확보하고 있는 물량으로 공급이 가능한 기간을 의미하며, 재고일수가 짧을수록 재고회전율은 높게 된다. 2016 CPA

04 공급사슬의 성과척도인 재고자산회전율(inventory turnover)을 높이기 위해서는 재고공급일수(days of supply)가 커져야 한다. 2019 CPA

3. 대량고객화

대량고객화(mass customization)는 표준제품과 표준서비스를 생산하되 최종 제품이나 서비스에는 어느 정도의 고객화를 가미하는 전략

(1) 대량고객화를 위한 공급사슬설계

1) 주문조립생산(assemble-to-order)

   표준화된 부품이 제조되거나 구매되어 재고로 유지되다가 이 표준부품을 특정한 고객 주문에 맞추어 조립하는 것

2) 모듈화 설계(modular design)

   제품은 다양하면서도 생산원가를 낮추기 위해 제품을 이루는 구성요소를 표준화시키는 방법으로 제조과정에는 대량생산에 의한 규모의 경제를, 최종조립단계에는 제품을 다양화하여 제품차별화를 이루어 비용우위와 차별화를 동시에 추구하는 제품설계의 접근 방법

   > **모듈화 설계와 주문조립생산의 차이**
   > 모듈화 설계(modular design)는 부품자체를 모듈화하고 이 모듈을 여러 종류 준비해서 다양한 고객의 니즈에 맞추는 것이고, 주문조립생산(assemble-to-order)은 부품을 모듈화하는 것이 아니라 생산을 어느 정도 진행시켜서 반제품 상태로 만들어 놓고 고객 주문 시 마무리만 고객주문에 맞게 고객화시키는 방법임

3) 연기(postponement)

   주문이 접수될 때까지 서비스나 제품의 생산 활동을 완료하지 않고 연기하는 것임. 지연 차별화(delayed differentiation)라고도 함. 연기의 개념을 공급사슬로 확대하면 채널조립(channel assembly)이 됨. 이는 유통채널상의 구성원을 마치 공장의 한 조립장으로 간주하는 개념으로, 유통업체가 특정 고객에게 제품을 전달하기 전에 최종적인 고객화 조립생산을 담당하는 것을 의미함

Questions on 대량고객화

01 대량주문생산(mass customization)은 대량생산을 유지하면서, 고객의 다양한 요구를 충족시키는 생산 형태이다. 2001 CPA

02 유연생산시스템은 개별생산의 유연성과 대량생산의 생산성을 동시에 고려하는 시스템이다. 2001 CPA

03 모듈러 생산은 가장 최소 종류의 부품으로 최대 종류의 제품을 생산하는 방식이다. 2001 CPA

04 모듈라 디자인(modular design)을 적용하는 경우 제품 생산의 용이성은 증가하나 제품의 다양성은 매우 제한적이 되는 단점이 있다. 2005 CPA

05 대량 고객화(mass customization)전략은 표준화된 단일품목에 대한 고객수요를 최대한 확대하는 방향으로 공급 네트워크를 구성하는 것이다. 2006 CPA

06 모듈러(modular) 설계는 대량생산과 제품의 고객화를 실현하는 대량 고객화(mass customization)를 가능하게 한다. 2012 CPA

07 대량고객화(mass customization)의 구현을 위해 제품의 모듈화 설계(modular design), 차별화 지연(process postponement) 등이 활용될 수 있다. 2016 CPA

08 지연차별화(delayed differentiation)는 최종 제품으로 차별화하는 단계를 지연시키는 것으로 대량 고객화(mass customization)의 전략으로 활용될 수 있다. 2019 CPA

1	2	3	4	5	6	7	8
O	O	O	X	X	O	O	O

4. 아웃소싱 프로세스

투입물의 제조를 택하면 수직적 통합(vertical integration)의 정도가 높아지고, 구매를 택하면 아웃소싱(outsourcing)이 늘어남

(1) 수직적 통합

수직적 통합(vertical integration)은 투입물을 직접 제조하는 것으로 두 가지로 분류됨. 후방통합(backward integration)은 기업인수를 통해 원재료, 부품 및 서비스의 원천인 후방쪽으로 움직이는 것. 반면 전방통합(forward integration)은 기업이 유통센터나 소매점과 같은 유통채널을 보다 많이 보유하는 것을 의미함

(2) 아웃소싱

아웃소싱(outsourcing)은 다른 기업이나 공급업자로 하여금 필요한 서비스나 자재를 공급하도록 하는 것. 핵심역량(core competence) 관점에서 아웃소싱은 기업이 핵심역량의 개발과 유지에 더 집중하기 위해 상대적으로 중요도가 낮은 프로세스들을 외부화(buy)하는 것임. 아웃소싱 가운데 프로세스를 다른 나라로 이전하는 것을 오프쇼어링(offshoring)이라고 함

> **오프쇼어링**
>
> 아웃소싱과 자주 혼동하는 개념이 오프쇼어링(offshoring)이다. 오프쇼어링이란 기업 내부에서 수행하던 일을 동일 기업에 속하는 국외의 다른 설비에 맡기는 것을 말한다. 즉 오프쇼어링이란 기업들이 생산 및 서비스 분야의 업무 일부를 인건비가 싼 해외로 이전하는 현상을 말한다. 예를 들면, 미국 기업들이 미국 내의 콜센터(call center)를 인건비가 싸고 영어 구사능력을 갖춘 인도나 필리핀으로 이전하는 경우가 이에 속한다. 제조의 경우, 삼성전자가 구미공장에서 생산하던 휴대폰을 점차 인건비가 싼 베트남 공장으로 이전하는 것도 오프쇼어링의 한 예라고 할 수 있다. 이에 비해 아웃소싱은 원래 기업 내부에서 수행하던 일을 국내외를 불문하고 제3의 다른 기업에 맡기는 것을 말한다. 오늘날에는 많은 기업들이 원가절감, 해외시장 개척 등을 위해 오프쇼어링을 하고 있다.

■ Questions on 아웃소싱

01 공급사슬의 많은 부분을 아웃쏘싱(outsourcing)하는 것은 기업이 자신의 핵심역량에만 보다 집중할 수 있도록 하는 전략으로 볼 수 있다. 2006 CPA

02 수직적 통합을 강화한다는 것은 아웃소싱(outsourcing)의 수준이 낮아진다는 것을 의미한다. 2009 CPA

03 후방통합(backward integration)은 제조기업이 유통센터나 소매점포와 같은 유통채널을 보다 많이 확보하는 것을 의미한다. 2009 CPA

04 아웃소싱(outsourcing)은 기업의 경쟁력 강화를 위해 가치사슬 중 경쟁력이 높은 프로세스는 직접 수행하고, 나머지 프로세스는 외부기업이 수행하게 함으로써 기업이 핵심역량에 집중할 수 있게 한다. 2010 CPA

05 아웃소싱(outsourcing)이 일반적인 구매 혹은 컨설팅 계약과 다른 점 중 하나는 부분적 활동이 이전될 뿐만 아니라 인적자원, 시설, 설비 및 기술 등을 포함한 자원과 일부 의사결정의 책임도 이전된다는 것이다. 2011 CPA

5. 공급사슬설계 전략

Hau Lee의 불확실성 프레임워크

		수요의 불확실성	
		저(기능적 제품)	고(혁신적 제품)
공급의 불확실성	저 (안정적 프로세스)	식료품, 기본 의류, 연료와 가스 (효율적 공급사슬)	패션의류, 컴퓨터, 팝음악 (반응적 공급사슬)
	고 (진화적 프로세스)	수력발전, 일부 농산물 (위험회피 공급사슬)	통신, 첨단 컴퓨터, 반도체 (민첩 공급사슬)

(1) 효율적 공급사슬

효율적 공급사슬(efficient supply chain)은 최대한의 비용 효율을 추구하는 전략을 채택한 전략. 이 공급사슬의 초점은 자재와 서비스의 흐름을 조화시켜 재고를 최소화하고 공급사슬상에서 기업의 효율성을 극대화시키고자 하는 것임

(2) 반응적 공급사슬

반응적 공급사슬(responsive supply chain)은 다양하고 변화하는 고객의 니즈에 대한 효과적 반응과 유연성을 추구하려는 전략. 반응적이기 위해서 기업들은 구체적인 고객 요구조건을 만족시킬 수 있는 수단으로 주문생산 방식과 대량 고객화를 채택하고 있음

(3) 위험회피 공급사슬

위험회피 공급사슬(risk-hedging supply chain)은 공급 측면의 문제점이 발생할 경우의 위험을 공유하기 위해 공급사슬 내의 자원을 공유하는 전략. 예를 들어 주요 부품에 대한 안전재고를 증가시키거나 동일한 부품을 사용하는 다른 기업들과 재고를 공유함으로써 위험을 공유할 수 있음

(4) 민첩 공급사슬

민첩 공급사슬(agile supply chain)은 고객 니즈에 대한 효과적인 반응과 유연성을 추구하는 동시에 공급부족이나 공급 체계의 문제점에 따른 위험을 회피하기 위해 재고와 여러 생산 자원들을 공유하는 전략을 채택한 전략. 이러한 공급사슬은 위험회피 공급사슬과 반응적 공급사슬의 장점을 결합한 것임

■ Questions on 공급사슬설계 전략

01 위험회피형 공급사슬이란 주요한 원자재나 핵심부품의 공급이 단절되지 않도록 공급선을 다변화하거나 안전재고를 높이는 등의 방식으로 구성되는 것을 말한다. 2006 CPA

02 다른 모든 조건이 동일하다면, 수요의 불확실성이 높고 제품의 수명주기가 짧은 제품일수록 적기 공급보다 신속한 공급이 더 중요하게 강조되어야 한다. 2008 CPA

03 공급사슬의 효과적인 설계와 운영을 위해 제품의 수요와 공급에 관한 여러 특성들을 고려하는 것이 바람직하다. 2008 CPA

04 공급의 불확실성은 높으나 수요의 불확실성이 낮은 기업군에서는 안전재고를 확보하고 타사와의 재고 공유 등을 통해 공급의 불확실성에 대한 위험을 회피하고자 하는 공급사슬을 설계하여 사용하는 것이 효과적이다. 2011 CPA

05 공급의 불확실성은 낮으나 수요의 불확실성이 높은 기업군에서는 주문생산이 가능한 형태의 공급사슬을 설계하여 사용하는 것이 효과적이다. 2011 CPA

06 하우 리(Hau Lee)에 의하면 수요의 불확실성 정도 뿐 아니라 공급의 불확실성 정도에 따라서도 공급사슬 전략에 차이가 발생하게 된다. 2016 CPA

6. 신규 서비스 및 제품 개발 프로세스

(1) 제조용이성 설계

제조용이성 설계(DFM: design for manufacturability)는 제품의 생산이 용이하고 경제적으로 이루어질 수 있도록 하는 제품설계로, 단순화(simplification), 표준화(standardization), 모듈화(modularization)를 통하여 가능함

■ Questions on DFM

01 제조용이성 설계(design for manufacturability)은 단순화, 표준화, 모듈(module)화 등의 원칙을 통해 제품을 설계함으로써 보다 저렴하고 쉽게 생산하자는 개념이다. 2004 CPA

| 1 | O |

(2) 동시공학(concurrent engineering)

제품 엔지니어, 프로세스 엔지니어, 마케팅 담당자, 구매담당자, 정보처리 전문가, 품질 전문가 및 공급자를 한 곳에 모이게 해서 고객 기대에 부합하는 제품과 프로세스를 설계하도록 하는 것. 동시공학의 방법을 수행하는 제품개발팀은 느슨한 기능횡단팀(cross functional team) 형태로 구성됨

Questions on 동시공학

01 동시공학은 제품개발과정에서 제품설계와 공정설계를 동시에 고려하여 제품설계에 필요한 시간과 비용을 줄이고자 하는 개념이다. 2004 CPA

02 동시공학(concurrent engineering)은 제품개발의 초기과정에서부터 모든 관련 부서가 참여하여 제품개발에 소요되는 시간을 줄이고자 하는 개념이다. 2004 CPA

03 제품개발 시 순차적 접근법(sequential approach)을 적용하는 경우 제품개발 소요 기간이 길어져서 시장경쟁이 심한 첨단기술 제품의 개발에는 적절하지 않다. 2005 CPA

04 동시공학(concurrent engineering) 접근법은 제품의 공학적 설계과정에서 협력업체를 포함하는 관련 엔지니어들이 동시에 팀으로 진행하여 설계 기간을 단축하는 것이다. 2005 CPA

05 동시공학은 매우 경쟁적인 시장상황에 적합한 제품개발방법이다. 2007 CPA

06 동시공학은 CAD/CAE 뿐 아니라 협업을 지원하는 정보시스템을 적극적으로 활용한다. 2007 CPA

07 동시공학을 활용한 제품개발은 일반적으로 전문화의 원리에 충실한 기능별 조직(functional organization) 형태를 갖는다. 2007 CPA

08 동시공학을 실행하기 위해 QFD(Quality Function Deployment), DFM(Design for Manufacturability), 모듈라 설계, 실험설계 등이 활용된다. 2007 CPA

09 동시공학은 제품개발 과정에 시간, 품질, 가격, 유연성 등의 경쟁요소를 주입(built-in)하고자 한다. 2007 CPA

10 동시공학(concurrent engineering)은 설계내역이 프로세스 및 공급사슬의 생산능력과 불일치하는 경우를 방지하기 위해 다양한 관련 전문가들이 한 곳에 모여 설계하는 것이다. 2012 CPA

11 제품개발 프로세스 개선 및 고객중심설계를 적용하기 위해 지도카(Jidoka) 및 안돈(Andon)을 도입한다. 2017 CPA

1	O	2	O	3	O	4	X	5	O	6	O	7	X	8	O
9	O	10	O	11	X										

(3) 품질기능전개

품질기능전개(QFD: quality function deployment)는 '고객의 목소리'를 제품이나 서비스 개발 프로세스에 통합하는 구조화된 방법. QFD에서 고객요구사항에 관한 정보는 품질의 집(house of quality)이라고 불리는 매트릭스 형태로 정리됨

품질의 집

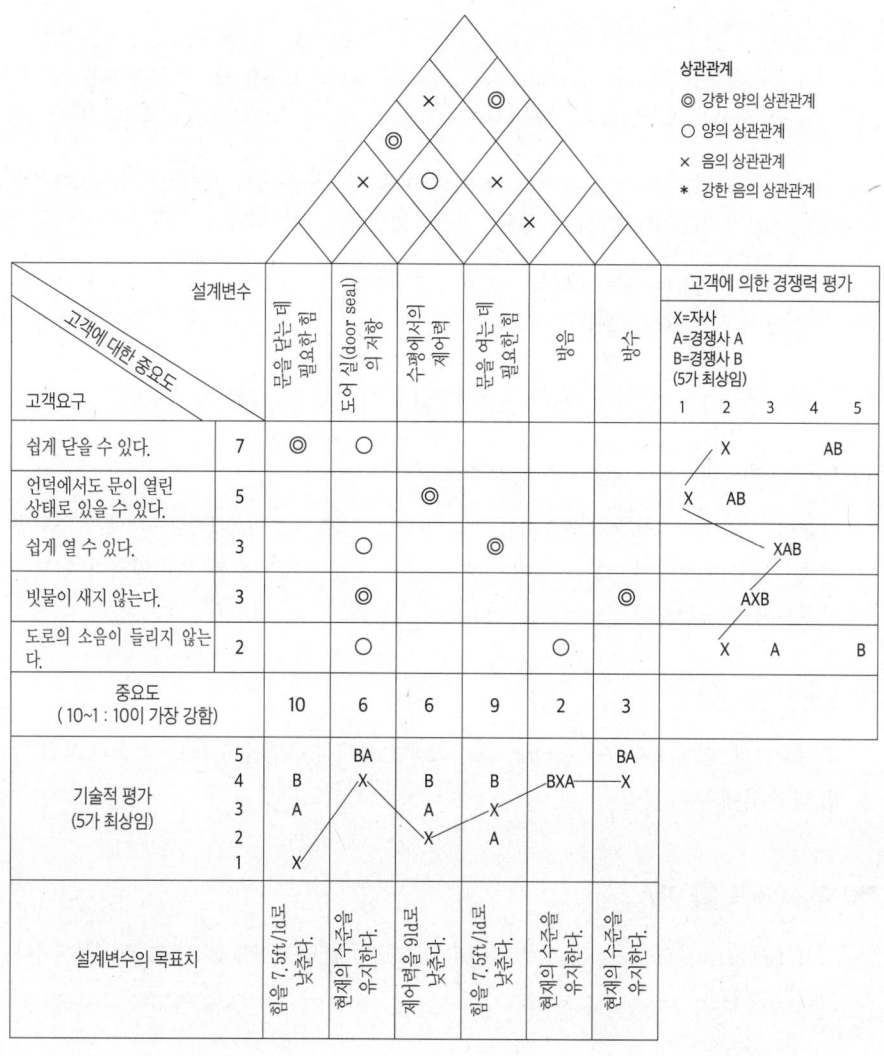

Questions on QFD

01 품질기능전개(QFD)는 소비자가 원하는 제품개념(voice of customers)을 설계와 생산을 담당하는 부서원들에게 보다 효과적으로 전달하고자 하는 개념이다. 2004 CPA

02 제품개발을 위한 아이디어의 원천은 크게 고객 욕구와 기술발전으로 분류된다. 2005 CPA

03 품질의 집(house of quality) 구축과정은 기대품질과 지각품질 차이를 측정하고 차이분석을 하는 작업이다. 2005 CPA

04 품질기능전개(quality function deployment)는 고객의 요구를 제품의 특성 또는 기능으로 변환시키는 기법이다. 2010 CPA

05 품질기능전개(quality function deployment)는 고객의 요구를 제품이나 서비스 개발과 생산의 각 단계에서 기술적 명세로 바꾸는 방법이다. 2012 CPA

06 QFD(quality function deployment)는 고객의 다양한 요구사항과 제품의 기능적 요소들을 상호 연결하는 것이다. 2015 CPA

(4) 컴퓨터지원설계(CAD: computer-aided design)

컴퓨터 그래픽을 이용하여 설계하는 것을 말하며, 설계 내용이 일단 컴퓨터에 입력되면 설계 대상을 회전시켜 다른 시각에서 볼 수 있고, 쪼개어 내부를 볼 수도 있으며, 일부를 확대하여 더 세밀하게 검토할 수도 있음

(5) 조립용이성 설계

조립용이성 설계(DFA : design for assembly)란 설계의 초점을 부품 수 감축과 조립 방법 및 순서에 두는 것임

Questions on DFA

01 DFA(design for assembly)는 부품수 감축, 조립 방법 및 순서에 초점을 맞추는 설계이다. 2015 CPA

1	O

(6) 재활용 용이성 설계

재활용 용이성 설계(DFR: design for recycling)는 녹여서 다른 제품을 만들기 위해 재활용 가능한 부품의 회수에 초점을 둔 설계

Questions on 재활용

01 재활용 용이성 설계(DFR: design for recycling)는 소비자가 사용하던 제품을 폐기 처분하는 과정에서 재활용이 가능한 부품들의 수거 과정을 원활히 하고자 하는 개념이다. 2004 CPA

| 1 | O |

(7) 물류를 고려한 설계

물류를 고려한 설계(design for logistics)는 제품설계단계에서 자재조달과 유통비용을 포함시키는 것으로 이를 적용하면 엔지니어링과 마케팅뿐만 아니라 구매 및 제조 단계와 물류의 연계성이 크게 향상될 수 있음

Questions on 물류를 고려한 설계

01 효율적인 공급사슬의 설계를 위해서는 제품개발의 초기 단계부터 물류를 고려한 설계(design for logistics)개념을 적용할 필요가 있다. 2006 CPA

| 1 | O |

(8) 재생(분해 용이성 설계)

분해 용이성 설계(DFD: design for disassembly)는 재제조에 초점을 맞추는 것. 즉 닳거나 혹은 못쓰게 된 부품이나 구성품을 교체하여 다시 사용할 수 있게 만드는 것

(9) 가치분석

가치분석/가치공학의 기본 목적은 제품과 제품제조과정을 단순화하는 것. 가치분석/가치공학(VA/VE)(value analysis/value engineering)의 목표는 고객에 의하여 정의된 모든 기능적 요구사항들을 충족시키는 동시에 원가절감과 보다 나은 제품의 성능을 이끌어내는 것임

가치분석과 가치공학의 차이

가치분석과 가치공학을 엄밀히 구분하면, 가치분석은 이미 생산되고 있는 제품에 적용되며 생산명세나 구매요구상에 나타난 제품의 명세나 요건을 분석하는데 사용됨. 전형적으로 구매부서는 가치분석이 원가절감기법으로 사용됨. 이에 비해 가치공학은 원가회피방법으로 생산단계 이전의 제품설계 시에 사용됨. 그러나 실무적으로 보면 두 기법은 한 제품에 대해 생산 전후의 관계에 있을 뿐 상호 피드백이 되어야 하므로 실질적인 차이는 없음. 왜냐하면 가치공학에 의해 설계된 제품에 대해서도 새로운 자재나 공정이 도입되면 가치분석 기법을 적용해야 하기 때문임

 가치분석

01 가치공학(value engineering)과 가치분석(value analysis)은 제품의 가치에 공헌하지 않는 불필요한 기능을 제거하고자 한다. 2012 CPA

02 VE(value engineering)은 제품의 원가대비 기능의 비율을 개선하려는 노력이다.
2015 CPA

| 1 | O | 2 | O |

(10) 로버스트 디자인(robust design)

제품이나 공정을 처음부터 환경변화에 의해 영향을 덜 받도록 설계하는 것. 로버스트 설계를 이용하면 온도, 조명, 먼지 등과 같은 환경상의 변동요인들을 생산공정상에서 통제하는 것보다 훨씬 덜 들게 됨

 로버스트 디자인

01 로버스트(robust) 설계는 생산환경의 변화에 따라 제품의 설계를 변경하는 방식이다.
2012 CPA

02 Robust Design은 품질에 나쁜 영향을 미치는 노이즈(noise)로부터 영향정도를 최소화 할 수 있도록 설계이다. 2015 CPA

| 1 | X | 2 | O |

7. 공급자 관계 프로세스

(1) 조달
조달(sourcing) 프로세스는 공급자의 선정, 인증, 평가 및 공급계약 관리 등을 수행

(2) 설계협력

1) 공급자 조기 참여

공급자 조기 참여(early supplier involvement)는 제품이나 서비스의 설계단계에서부터 공급자를 참여시키는 프로그램

2) 사전소싱

사전소싱(presourcing)은 더 높은 수준의 공급자 조기 참여로 컨셉 개발단계에서 납품업체를 선정하고 일부 부품이나 시스템의 설계에 대해 상당한 책임을 부여하는 납품업체 참여제도임

(3) 협상

협상(negotiation) 프로세스는 공급자관계 프로세스의 내부고객이 요구하는 가격, 품질 및 배송요구사항에 부합하도록 효과적인 계약을 달성하는데 중점을 둠

공급자 관계

유형	개념
경쟁지향 competitive orientation	구매자와 공급자와의 협상을 제로섬게임(zero-sum game: 한편이 잃은 만큼 반대편이 얻는 상황)으로 간주하고, 장기계약보다는 단기적 이익을 선호하는 공급자 관계
협력지향 cooperative orientation	구매자와 공급자가 가능한 한 서로 도와주는 동반자로 여기는 공급자 관계

Questions on 협력지향

01 공급자와 구매자 간에 품질, 경영, 기술 및 생산에 대한 공동 노력과 지원을 하는 경우, 협력적 관계에 있다고 한다. 2012 CPA

| 1 | O |

(4) 구매

① 전자자료교환(EDI)
② 카탈로그 허브(catalog hub)
③ 직거래장터(exchange)
④ 경매(auction)

(5) 정보교환

공급사슬에 있는 구성원 간에 정보교환(정보공유)이 강화되면 채찍효과로 인한 현상을 줄일 수 있음

1) **RFID**

RFID(radio frequency identification)는 제품에 부착된 태그로부터 발생하는 전파신호를 사용하여 제품을 식별하는 기법

2) **공급자 재고관리**

공급자 재고관리(VMI: vendor-managed inventories)는 공급자가 고객의 재고정보에 접근 권한을 갖는 대신 고객이 요구하는 재고수준을 유지하는데 책임을 지는 것. VMI를 활용하면, 구매자의 재고발주비용은 '0'이 되고 리드타임도 감소하고 더불어 공급자 입장에서는 수요자의 실제 수요정보, 재고정보를 알 수 있으므로 재고관리의 효율성이 향상됨

Questions on 정보교환

01 바코드 시스템을 활용할 경우 재고 실사에 필요한 많은 시간과 경비를 절약할 수 있다.
   2006 CPA

02 공급자재고관리(vendor managed inventory)를 활용하면, 구매자의 재고유지 비용은 빈번한 발주와 리드타임 증가로 인해 상승하고 공급자의 수요예측 정확도는 낮아진다.
   2016 CPA

| 1 | O | 2 | X |

8. 입지선정

(1) 입지 대안 평가

1) 요인평가법

    요인평가법(factor rating method)은 모든 입지후보에 대하여 선정된 주요 요인에 대한 가중평점을 산정·비교하는 방법

    요인평가표

입지요인	가중치	평점	
		입지후보지 1	입지후보지 2
노동력	0.15	90	80
건설비용	0.10	85	70
에너지	0.05	65	95
원자재	0.15	40	80
세제혜택	0.10	80	75
주거환경	0.10	70	80
지역사회	0.10	95	80
시장	0.25	80	90
가중평균평점		75.75	81.75

2) 손익분기점 분석

    손익분기점(break-even analysis) 분석은 총비용을 고정비와 변동비로 구분하고 수요량에 따른 총비용과 매출액을 비교하여 최적대안을 결정함

3) 수송모형 (=운송모형)

    수송모형(transportation model)은 새로운 입지가 기존 시스템에 추가될 때 수송비용을 최소로 하는 수송계획을 찾는 특수한 알고리즘

4) 무게중심법

    무게중심법(center of gravity method)은 여러 목적지를 대상으로 하는 어떤 시설을 추가할 때 수송거리를 최소화하거나 수송비용을 최소화하는 위치를 결정하는 방법

5) 수송비용에 의한 입지선정

    수송비용은 주로 거리에 기인하며, 유클리드 거리(Euclidian distance)는 두 지점 간 직선거리를 의미하며, 직각거리(rectilinear distance)는 두 지점을 직각으로 돌아가는 거리를 의미함

직각거리와 유클리드 거리

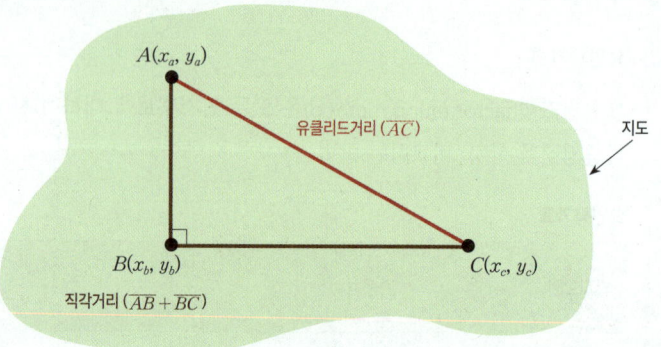

Questions on 입지선정

01 입지에 관한 분석 시 직각거리(rectilinear distance)를 이용한 분석은 두 지점사이의 직선거리 또는 가장 짧은 거리를 이용하여 입지선정에 활용하는 방법이다. 2008 CPA

02 무게중심분석방법(center of gravity method)은 한정된 후보지들을 대상으로 하는 입지선정 시 효과적이다. 2008 CPA

03 요소분석방법(factor rating method)은 입지결정과 관련된 요인들에 가중치를 부여하여 평가하는 분석을 말한다. 2008 CPA

04 운송모형(transportation model)은 고객시장을 기준으로 수익을 최대화 할 수 있는 입지를 선정하는 기법이다. 2008 CPA

05 입지손익분기분석(locational break-even analysis)은 입지별로 입지와 관련된 비용을 장기 비용요소와 단기 비용요소로 구분한 뒤, 입지별 예상생산수량과 비교하여 최종입지를 결정하는 분석을 말한다. 2008 CPA

1	2	3	4	5
X	X	O	X	X

크로스도킹

크로스도킹(cross-docking)은 월마트에 의해 처음으로 도입된 혁신적인 물류시스템으로서 대규모 소매업체에서 사용되고 있다. 크로스도킹이란 공급자들이 트럭으로 지역별 창고(또는 물류센터)의 여러 입하구로 상품을 수송해 오면, 이들 상품들을 각 소매점포의 필요에 따라 분류 및 재그룹화한 다음, 보관없이 곧바로 창고의 다른 쪽 여러 출하구에서 트럭에 실어 각 소매점포로 배송하는 물류시스템이다. 크로스도킹은 보관 및 하역작업 등을 제거함으로써 비용절감과 함께 물류의 효율성을 증대시킨다. 크로스도킹은 입고 및 출고를 위한 모든 작업의 긴밀한 동기화(同期化)를 필요로 한다. 예를 들면, 월마트는 자사의 방대한 유통망에 걸쳐 크로스도킹이 효과적으로 작동될 수 있도록 정보시스템, 바 코딩(bar coding), 전략적 입지의 대규모 창고들, 많은 트럭수송단 등을 사용하고 있다. 크로스도킹 시스템에서 창고는 상품을 보관하는 장소라기보다는 고객(소매점포)으로의 효율적인 배송을 조직하는 단기적인 장소가 된다. 크로스도킹의 이점으로는 재고투자, 보관 공간, 취급비용 및 리드타임의 감소를 들 수 있다.

Questions on 크로스도킹

01 크로스 도킹(cross docking)은 입고되는 제품을 창고에 보관하지 않고 재분류를 통해 곧바로 배송하는 것으로 재고비용과 리드타임(lead time)을 줄일 수 있다. 2019 CPA

1	O

06 재고관리

1. 재고관련 비용

1) 품목비용

품목비용(item cost)이란 재고품목 그 자체의 구매비용 또는 생산비용을 말하며 단위 당 원가에 구매수량 또는 생산수량을 곱한 값으로 표현됨

2) 주문비용 또는 가동준비비용

주문비용(ordering cost)은 재고품목을 외부에서 구입할 때 소요되는 여러 가지 경비와 관리비를 말하며 주문량의 크기와는 관계없는 고정비 성격을 가짐. 한편 재고품목을 기업 내에서 생산하는 경우에는 가동준비비용(setup cost)이 발생. 주문비용과 가동준비비용은 재고관리에서 각각 주문량이나 생산량의 크기에 관계없이 일정액으로 발생하는 고정비로 취급

3) 유지비용

유지비용(holding cost)에는 재고에 묶인 자본의 기회비용, 저장시설에 대한 비용, 취급비용, 보험료, 도난, 파손, 진부화(obsolescence), 세금 등 재고유지와 관련된 모든 비용 항목이 포함

유지비용과 주문비용의 관계

연간수요	주문량	주문횟수	유지비용(500원)	주문비용(10,000원)
1,200개	100개	12회	$\frac{100}{2} \times 500원 = 25,000원$	12회×10,000원 = 120,000원
1,200개	200개	6회	$\frac{200}{2} \times 500원 = 50,000원$	6회×10,000원 = 60,000원

※ 유지비용과 주문비용은 역의 관계임. 즉, 주문비용을 줄이기 위해 주문횟수를 줄이면 주문량이 증가되어 유지비용이 증가하고, 유지비용을 줄이려고 주문량을 줄이면 주문횟수가 증가되어 주문비용이 증가하게 됨

■ Questions on 재고관련 비용

01 수요발생이 일정할 경우 제조설비의 셋업(set-up) 횟수를 줄이면 평균 재고의 규모는 상대적으로 작아지게 된다. 2006 CPA

02 재고유지비용은 이자, 보관비용, 취급비용, 세금, 보험료, 상품훼손 등의 비용을 포함한다. 2009 CPA

03 주문비용이나 셋업비용이 상대적으로 클 경우에는 보다 적은 양의 재고를 유지할 수 있도록 1회 생산로트의 크기를 줄여야 한다. 2009 CPA

04 생산제품 변경을 위해 추가적인 준비 비용(setup cost)이 발생하지 않는다면 1회 생산량을 줄이는 것이 재고량도 적어지고 재고유지비용의 절감도 가능하다. 2010 CPA

4) 재고부족비용

어떤 품목의 재고가 고갈되며, 그 품목에 대한 수요는 재고가 보충될 때까지 기다려서 충족되거나 또는 취소됨. 이 경우 재고부족으로 인해 발생하는 여러 가지 비용을 총괄하여 재고부족비용(inventory shortage cost)이라 함

2. 재고의 목적

1) 경제적 생산과 구매를 위한 주기재고(cycle inventory)

고정비의 성격을 가진 가동준비비용(setup cost)과 주문비용(ordering cost) 때문에 대규모 생산이나 구매가 경제적일 때가 많음. 이 때문에 자재를 로트로 생산하거나 구입할 때 발생하는 재고를 주기재고라 함

■ Questions on 주기재고

01 가능한 완제품의 재고수준을 낮게 유지할수록 고객의 수요에 신속하게 대응하게 되어 고객서비스 능력이 높아진다. 2011 CPA

| 1 | X |

2) 불확실성에 대처하기 위한 안전재고(safety stock)

재고시스템에 있어서는 공급, 수요 및 조달기간(lead time)의 불확실성이 존재함. 기업은 이러한 불확실성에 대처하기 위해 안전재고를 유지

Questions on 안전재고

01 안전재고가 0이면 조달기간 중 품절율은 100%이다. 2002 CPA

02 조달기간이 짧을수록 안전재고의 수준은 낮아진다. 2002 CPA

03 서비스 수준을 높이기 위해서는 안전재고의 수준을 높여야 한다. 2002 CPA

04 수요의 표준편차가 클수록 안전재고를 많이 보유해야 한다. 2002 CPA

05 경제적 주문량 모형에서 안전재고량은 0이다. 2002 CPA

06 다른 모든 조건이 동일하다면 조달기간이 길수록 안전재고의 양도 많아진다. 2004 CPA

07 안전재고의 수준을 높일수록 조달기간 중의 품절율은 낮아진다. 2006 CPA

08 안전재고의 설정을 위해서 안전재고가 필요한 기간 동안에 예측되는 수요의 표준편차가 사용된다. 2008 CPA

09 부품공급의 리드타임에 대한 불확실성이 높을수록 안전재고의 수준을 높여줄 필요가 있다. 2009 CPA

10 공급, 수요 및 조달기간의 불확실성에 대비하기 위한 재고를 안전재고라고 한다. 2012 CPA

11 수요예측의 정확도를 향상시키는 노력과 납품업체와의 생산계획 공유를 통해 공급의 불확실성을 감소시키는 노력은 안전재고를 감축하는데 도움이 된다. 2013 CPA

12 기업에서 요구되는 서비스수준(service level)이 낮을수록 서비스 수준을 달성하는 데 필요한 안전재고의 수준이 높아진다. 2013 CPA

13 수요, 공급 및 리드타임(lead time) 등의 변동성이 작을수록 안전재고의 필요성이 감소한다. 2013 CPA

14 서비스수준(service level)을 높이면 품절확률은 감소하고 안전재고량은 증가한다. 2015 CPA

15 조달기간(lead time) 동안의 평균수요가 커지면 안전재고량은 증가한다. 2015 CPA

16 주문량은 주기재고(cycle inventory)에 직접적인 영향을 미치며, 판매촉진 활동 등으로 인해 예상되는 수요증가는 안전재고(safety stock)에 직접적인 영향을 미친다. 2016 CPA

17 수요와 리드타임(lead time)의 변동성이 커지면 재고는 증가한다. 2020 CPA

18 실제수요가 예측수요를 초과할 가능성에 대비하여 안전재고를 보유할 경우 재주문점은 증가한다. 2022 CPA

1	X	2	O	3	O	4	O	5	O	6	O	7	O	8	O
9	O	10	O	11	O	12	X	13	O	14	O	15	X	16	X
17	O	18	O												

3) 예상되는 수요나 공급의 변화에 대처하기 위한 예상재고(anticipation inventory)

수요나 공급의 변화가 예상되는 경우, 예상되는 수요나 공급의 변화에 대처하기 위한 재고를 예상재고라 함

> **안전재고와 예상재고의 차이**
> 안전재고와 예상재고 둘 다 불규칙한 수요와 공급에 대응하기 위한 재고라는 공통점이 있다. 그러나 안전재고는 주로 단기적인 불확실성에 대응하기 위한 재고이고, 예상재고는 보통 계절적 수요에 대응하기 위한 재고라는 차이점이 있음

■ Questions on 예상재고

01 예상재고(anticipation inventory)를 감소시키기 위해서는 공급업체의 납품소요시간 혹은 공급량의 불규칙성을 감소시키는 것이 중요하다. 2011 CPA

| 1 | X |

4) 운송을 위한 운송재고(pipeline inventory)

생산이나 판매를 위해 한 지역에서 다른 지역으로 운송 중인 완제품 또는 원자재의 재고를 운송재고라 함

3. 완제품 재고의 배치

완제품 재고를 어디에 두느냐에는 집중배치와 전방배치의 두 가지 방법이 있음. 이는 규모의 경제를 통해 효율성을 높이는 집중화(centralization)와 고객에 가까이 위치함으로써 반응성을 향상시키는 분산화(decentralization) 사이에서 무엇을 선택하느냐의 문제임

재고배치

유형	개념
집중배치 centralized placement	제품 재고를 모두 공장이나 창고와 같이 한 지점에 쌓아두었다가 고객에게 직접 배달하는 것. 고객 수요의 변동이 합해지면서 안전재고와 재고가 줄어드는 재고통합(inventory pooling) 효과가 있음
전방배치 forward placement	재고를 고객과 가까운 창고, 유통센터, 도매점, 소매점에 쌓아두는 것

■ Questions on 완제품 재고배치

01 리스크풀링(risk pooling) 효과는 여러 지역의 수요를 하나로 통합했을 때 수요 변동성이 감소하는 것을 의미한다. 2012 CPA

02 수요 변동이 있는 경우에 창고의 수를 줄여 재고를 집중하면 수요처별로 여러 창고에 분산하는 경우에 비해 리스크 풀링(risk pooling) 효과로 인하여 전체 안전재고(safety stock)는 감소한다. 2019 CPA

| 1 | O | 2 | O |

4. 조직전반의 재고관리

(1) ABC 재고관리

ABC 재고관리(ABC inventory planning)는 재고품목을 재고가액에 따라 3가지로 분류하여 경영자가 고가 품목에 집중할 수 있게 하는 것으로, A품목은 매우 자주 주문하는 편이, B품목은 격주로, C품목은 매달 혹은 격월로 주문하는 편이 관리하기 용이함. 이 방법은 파레토 도표를 사용함

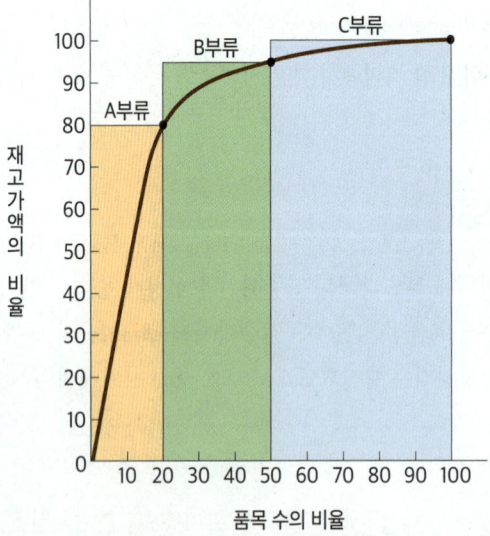

■ Questions on ABC 재고관리

01 ABC 재고관리는 그 목적과 개념상 3개 이상의 품목으로 분류하는 것도 가능하다. 2005 CPA

02 ABC재고관리에서 C품목군은 정기주문 시스템인 P-시스템 주문모형에 적합하다. 2005 CPA

03 ABC 재고관리에서 A, B, C 품목 중 C품목의 주문주기가 가장 짧다. 2005 CPA

04 ABC 재고관리에서 A품목, B품목, C품목 중 총가치 대비 비중이 가장 큰 품목군이 A품목이다. 2005 CPA

05 ABC 재고관리는 취급상품의 종류가 다품종인 경우에 적용한다. 2005 CPA

06 ABC분석에서 경영자가 집중 관리해야 하는 그룹은 품목의 수가 많고 품목별 금전적 가치도 높은 A그룹이다. 2009 CPA

07 ABC 재고관리에서 A품목은 가능한 철저한 통제를 위해 1회 주문당 주문량은 늘리고 주문횟수는 줄이는 것이 일반적이다. 2011 CPA

08 ABC 재고분류에서 세심한 관리가 필요한 A항목에 포함된 품목은 높은 재고수준을 감수하고서라도 발주간격을 늘리는 것이 바람직하다. 2016 CPA

1	2	3	4	5	6	7	8
O	O	X	O	O	O	X	X

5. 경제적 주문량 모형

경제적 주문량(EOQ: economic order quantity)은 재고유지비용과 주문비용의 교환관계에 균형을 맞추고 최선의 주기 재고수준을 결정하는 것으로 연간 재고유지비용과 주문비용의 합을 최소화하는 로트의 크기를 의미

(1) EOQ의 가정

> **EOQ모형의 가정들**
> 1. 해당 품목의 수요율은 일정하고, 확실히 알려져 있음
> 2. 로트 크기에 제한이 없음
> 3. 구입단가는 주문량에 관계없이 일정함
> 4. 관련된 비용은 재고유지비용과 고정비용(주문비용이나 가동준비비용) 밖에 없음
> 5. 다른 품목과 독립적으로 의사결정함
> 6. 리드타임과 공급에 불확실성은 없음

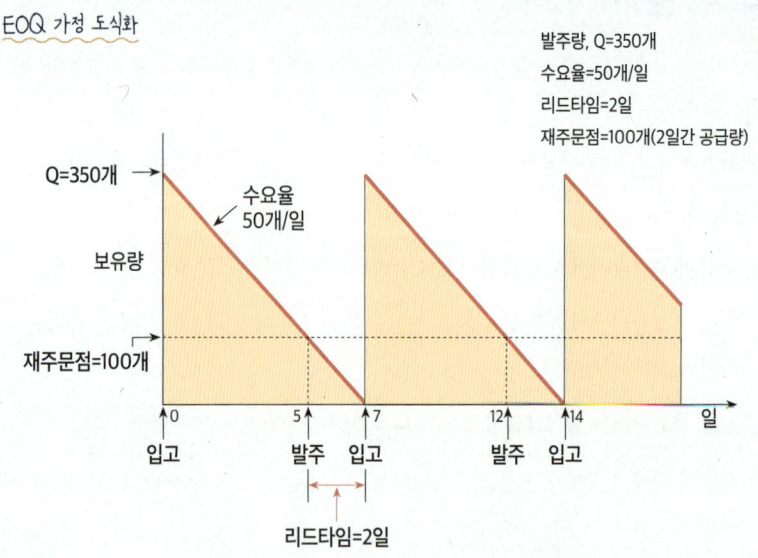

(2) EOQ 계산

1) 연간유지비용

   연간유지비용은 Q에 비례하여 증가함

   $$\text{연간유지비용} = (\text{평균주기재고}) \times (\text{단위당 유지비용}) = \frac{Q}{2} \times H$$

2) 연간주문비용

   $$\text{연간주문비용} = (\text{연간주문횟수}) \times (\text{주문비용 혹은 가동준비비용}) = \frac{D}{Q} \times S$$

3) 연간총비용

   $$\text{연간총비용}(C) = \text{연간유지비용} + \text{연간주문비용 또는 가동준비비용} = \frac{Q}{2}(H) + \frac{D}{Q}(S)$$

   단, C = 연간총비용
   Q = 로트크기
   H = 단위당 연간유지비용
   D = 연간수요량
   S = 로트당 주문비용 또는 가동준비비용

주문량과 재고관련 총비용

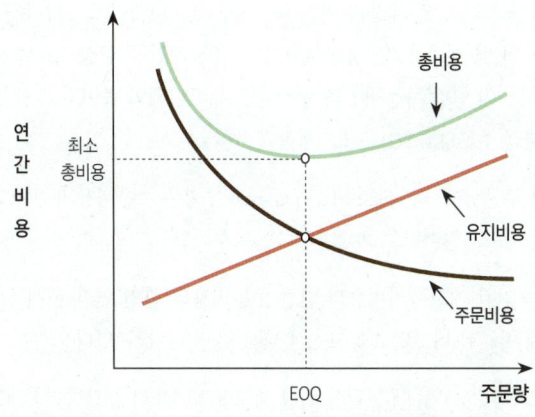

※ EOQ에서는 주문비용과 유지비용이 일치함

$$EOQ = \sqrt{\frac{2DS}{H}}$$

$H =$ (holding cost)
$D =$ (demand)
$S =$ (setup or ordering cost)

4) 주문간격

주문간격(TBO: time between order)이란 보충주문이 도착하는(또는 주문을 내는) 시간 간격의 평균치를 말함

$$TBO = \frac{EOQ}{D} \times (12월/년)$$

(3) EOQ의 시사점

파라미터	EOQ	파라미터의 변화	EOQ의 변화
수요량	$\sqrt{\frac{2DS}{H}}$	↑	↑
주문/가동준비비용	$\sqrt{\frac{2DS}{H}}$	↑	↑
재고유지비용	$\sqrt{\frac{2DS}{H}}$	↓	↑

Questions on EOQ

01 수요가 균등한 단일 제품의 연간 수요량은 3,600개이고, 1회 주문 비용은 50원 그리고 연간 단위 당 재고유지비용은 4원이다. 조달기간은 일정하고 주문량은 일시에 배달된다. 총비용이 연간 주문비용과 연간 재고유지비용의 합이라고 할 때 총비용을 최소화하는 경제적 주문량(EOQ)은 300개이다. 2000 CPA

02 경제적 주문량(economic order quantity) 모형은 주문비용과 재고유지비용의 합을 최소화하는 재고모형이다. 2004 CPA

03 EOQ는 연간 재고유지비용과 연간 주문비용의 합인 연간 총재고비용을 Q(1회 주문량)에 대해 미분한 뒤 0으로 놓고 Q에 대해 풀면 구할 수 있다. 2007 CPA

04 다른 조건이 일정할 때 연간 단위당 재고유지비용이 증가하면 EOQ는 감소한다. 2007 CPA

05 EOQ는 연간 재고유지비용과 연간 주문비용이 같아지는 1회 주문량이다. 2007 CPA

06 다른 조건이 일정할 때 연간 수요가 증가하면 EOQ는 감소한다. 2007 CPA

07 다른 조건이 일정할 때 주문비용이 감소하면 EOQ는 감소한다. 2007 CPA

08 경제적 주문량(EOQ) 모형에서 다른 요인이 일정하다고 가정할 때 주문비용이 50% 증가하면 경제적 주문량은 약 37.5% 증가한다. 2010 CPA

09 경제적 주문량(EOQ) 모형에 기초하였을 때, 연간 수요량이 2배가 될 때 1회 경제적 주문량은 2배가 되어야 한다. 2012 CPA

10 EOQ모형에서 1회 주문량이 커지면 연속된 주문 간 간격시간은 짧아진다. 2014 CPA

11 EOQ모형에서 다른 조건이 일정할 때 단위당 재고유지비용이 4배 커지면 1회 최적주문량은 2배 작아진다. 2014 CPA

12 EOQ모형에서 다른 조건이 일정할 때 연간 수요량이 4배 커지면 1회 최적주문량은 2배 커진다. 2014 CPA

13 EOQ모형에서 1회 주문량이 커지면 연간 재고유지비용은 커지고 연간 주문비용은 작아진다. 2014 CPA

14 EOQ모형에서 1회 최적주문량은 연간 재고유지비용(holding cost)과 연간 주문비용(ordering cost)이 같아지는 지점에서 발생한다. 2014 CPA

15 경제적 주문량(EOQ) 모델에 기초하였을 때, 연간 재고유지비용은 연간 주문비용보다 작게 된다. 2016 CPA

16 정량발주시스템에서 EOQ모형을 사용하는 경우, 주문량은 1회 주문비용 및 단위당 연간 재고유지비용에 정비례한다. 2017 CPA

17 A제품의 수요는 연간 900개, 1회 주문비용은 10만원, 유지비용은 개당 연간 5만원이다. 현재는 2개월에 한번 씩 150개를 주문하고 있으며, 리드타임(lead time)은 2일이다. 재고비용을 주문비용과 재고유지비용의 합이라고 할 때, EOQ 재고모형은 고정주문량모형(fixed-order quantity model)이므로 현재의 수요량과 리드타임이 변경되더라도 EOQ의 변동은 없다. 2019 CPA

18 A제품의 수요는 연간 900개, 1회 주문비용은 10만원, 유지비용은 개당 연간 5만원이다. 현재는 2개월에 한번 씩 150개를 주문하고 있으며, 리드타임(lead time)은 2일이다. 재고비용을 주문비용과 재고유지비용의 합이라고 할 때, EOQ로 주문량을 변경하면 안전재고(safety stock)는 리드타임 동안의 수요량이 된다. 2019 CPA

19 A제품의 수요는 연간 900개, 1회 주문비용은 10만원, 유지비용은 개당 연간 5만원이다. 현재는 2개월에 한번 씩 150개를 주문하고 있으며, 리드타임(lead time)은 2일이다. 재고비용을 주문비용과 재고유지비용의 합이라고 할 때, , EOQ로 주문량을 변경하면 연간 주문비용은 200만 원이 되고, 이는 연간 재고유지비용과 동일하다. 2019 CPA

20 A제품의 수요는 연간 900개, 1회 주문비용은 10만원, 유지비용은 개당 연간 5만원이다. 현재는 2개월에 한번 씩 150개를 주문하고 있으며, 리드타임(lead time)은 2일이다. 재고비용을 주문비용과 재고유지비용의 합이라고 할 때, EOQ(경제적 주문량)로 주문량을 변경하면 현재에 비해 연간 135만 원의 재고비용을 절감할 수 있다. 2019 CPA

21 A제품의 수요는 연간 900개, 1회 주문비용은 10만원, 유지비용은 개당 연간 5만원이다. 현재는 2개월에 한번 씩 150개를 주문하고 있으며, 리드타임(lead time)은 2일이다. 재고비용을 주문비용과 재고유지비용의 합이라고 할 때, 현재의 주문방식을 고수할 경우 연간 재고비용은 750만 원이다. 2019 CPA

22 EOQ모형에서 리드타임(lead time)이 증가하면 재주문점은 커지지만, 최적 주문량은 변하지 않는다. 2021 CPA

23 EOQ모형에서 주문당 주문비용(ordering cost)이 커지면 최적주문량은 늘어나지만, 재주문점은 변하지 않는다. 2021 CPA

24 EOQ모형에서 단위당 재고유지비용(holding cost)이 커지면 최적주문량은 줄어들지만, 재주문점(reorder point)은 변하지 않는다. 2021 CPA

1	O	2	O	3	O	4	O	5	O	6	X	7	O	8	X
9	X	10	X	11	O	12	O	13	O	14	O	15	X	16	X
17	X	18	X	19	X	20	O	21	X	22	O	23	O	24	O

6. 경제적 생산량 모형

(1) 기본 개념

경제적 생산량 모형(EPQ: economic production quantity)은 생산과 수요가 동시에 발생하는 상황에서 1회 생산량 또는 1회 주문량을 결정하는 모형

(2) 가정

EPQ 모형의 가정은 주문량이 한 번에 입고되지 않고 생산 기간 중에 점차적으로 입고(내지는 증가)된다는 것을 제외하고는 EOQ 모형의 가정과 유사함

> **EPQ 모형의 가정**
> 1. 단지 하나의 품목만을 대상으로 한다.
> 2. 해당 품목의 수요율은 일정하고 확실히 알려져 있다.
> 3. 수요는 계속해서 일정하게 발생하지만 생산은 주기적으로 발생한다.
> 4. 생산율은 일정하다.
> 5. 리드타임은 변하지 않는다.
> 6. 수량 할인은 없다.

(3) EPQ의 계산

EOQ 모형과 EPQ 모형의 가장 큰 차이점은 아래 그림과 같이 재고가 한번에 입고되느냐 서서히 채워지느냐임

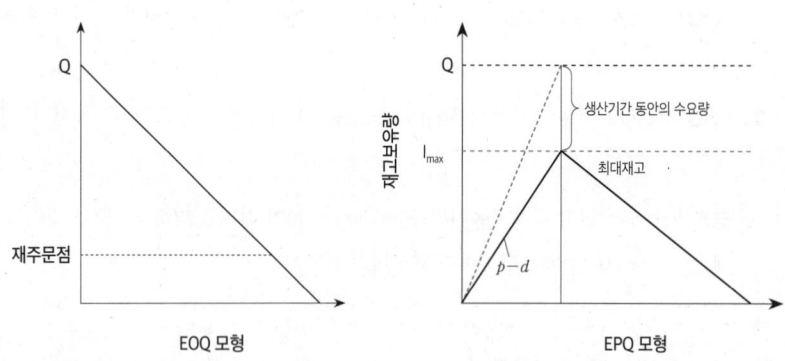

1) 최대주기재고와 유지비용

생산율 p가 수요율 d를 초과하는 경우, 주기재고는 수요발생보다 빨리 축적됨. 로트크기(한번에 생산하는 양)가 Q이고 1일 생산량이 p개이므로 $\frac{Q}{p}$일 동안 하루 $p-d$개씩 축적됨. 따라서 최대주기재고는 다음과 같음

$$\text{최대주기재고} = \frac{Q}{p} \times (p-d) = Q\left(\frac{p-d}{p}\right)$$

이에 따라

$$\text{유지비용} = (\text{평균주기재고}) \times (\text{단위당 유지비용}) = \frac{1}{2} \times Q\left(\frac{p-d}{p}\right) \times H = \frac{Q}{2}\left(\frac{p-d}{p}\right)H$$

2) 가동준비비용

가동준비비용은 가동준비 횟수에 따라 증가함

$$\text{가동준비비용} = (\text{연간 가동준비횟수}) \times (\text{가동준비비용}) = \frac{D}{Q^*} \times S$$

※ Q는 로트크기 즉 한 번에 만드는 양을 의미하므로 유지비용을 구할 때처럼 수요율과 생산율에 영향을 받지 않는다. 예를 들어 연간수요가 1,200개이고 한 번에 만드는 양이 100개라면 가동준비횟수는 12회가 된다.

3) 총비용

EOQ 모형에서와 같이 총비용은 유지비용과 주문비용(여기서는 가동준비비용)의 합임

$$\text{총비용} = \text{유지비용} + \text{가동준비비용} = \frac{Q}{2}\left(\frac{p-d}{p}\right)H + \frac{D}{Q}S$$

4) 최적생산량

최적생산량은 유지비용과 가동준비비용이 같아지는 지점에서 발생하므로 두 비용이 같을 때 Q는 다음과 같음

$$\text{경제적 로트크기}(ELS) = \sqrt{\frac{2DS}{H}} \times \sqrt{\left(\frac{p}{p-d}\right)}$$

※ 두 번째 항이 1보다 크기 때문에 ELS는 EOQ보다 크다.

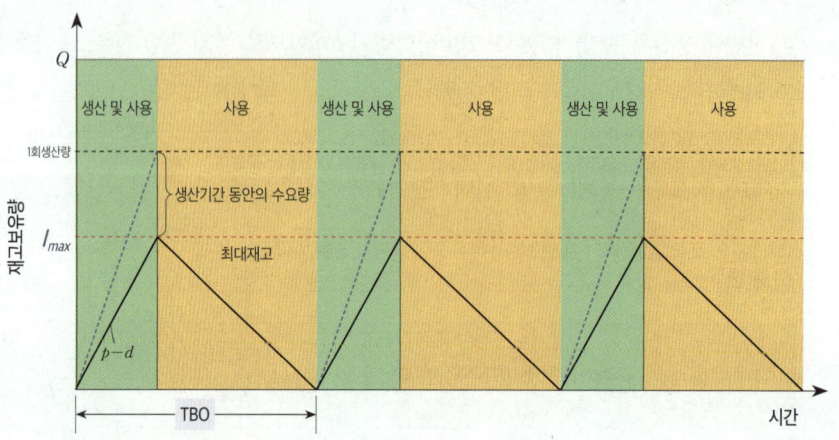

Questions on EPQ

01 EOQ모형에서는 재고보충시 재고수준이 일시적으로 증가하지만 경제적생산량(EPQ)모형에서는 생산기간 중 점진적으로 증가한다. 2021 CPA

1	O

Q&A

수환실업은 인기 덤프트럭 시리즈를 만들기 위해 매년 48,000개의 고무바퀴를 사용한다. 이 업체는 고무바퀴를 직접 생산하는데, 매일 800개를 생산할 수 있다. 장난감 트럭은 매일 동일하게 조립되고 있으며 고무바퀴는 매일 200개 사용된다. 재고유지비용은 1년에 바퀴당 $1이다. 바퀴의 생산을 위한 작업준비비용은 $45이다. 다음 물음에 답하시오

Q&A

1. 최적생산량은?

$$ELS = \sqrt{\frac{2DS}{H}}\sqrt{\frac{p}{p-d}} = \sqrt{\frac{2(48,000)45}{1}}\sqrt{\frac{800}{800-200}} = 2,400개$$

2. 재고유지 및 작업준비를 고려한 연간 총재고비용은?

$$TC = \frac{I_{\max}}{2}(H) + \frac{D}{Q}(S) = \frac{Q}{2}\left(\frac{p-d}{p}\right)(H) + \frac{D}{Q}(S)$$

$$= \frac{2,400}{2}\left(\frac{800-200}{800}\right)(1) + \frac{48,000}{2,400}(45)$$

$$= 900 + 900 = 1,800$$

3. 로트당 생산에 소요되는 시간은?

$$생산소요시간 = \frac{최적생산량}{1일\ 생산량} = \frac{2,400}{800} = 3일$$

즉 하루에 800개 생산이 가능하므로 최적생산량 2,400개를 충족하는데는 3일이면 가능하다.

4. 최적 생산량을 위한 생산간격(TBO)은?

$$생산간격\ (TBO) = \frac{최적생산량}{1일수요} = \frac{2,400}{200} = 12일$$

즉 고무바퀴의 생산은 매 12일마다 이루어져야 한다. 앞에서 계산한 것처럼 2,400개를 생산하는데는 3일이 소요되고, 3일후에 재고수준은 1,800개 이므로 이를 가지고 9일간 사용할 수 있으므로 합쳐서 12일에 한 번씩 생산에 들어가면 된다.

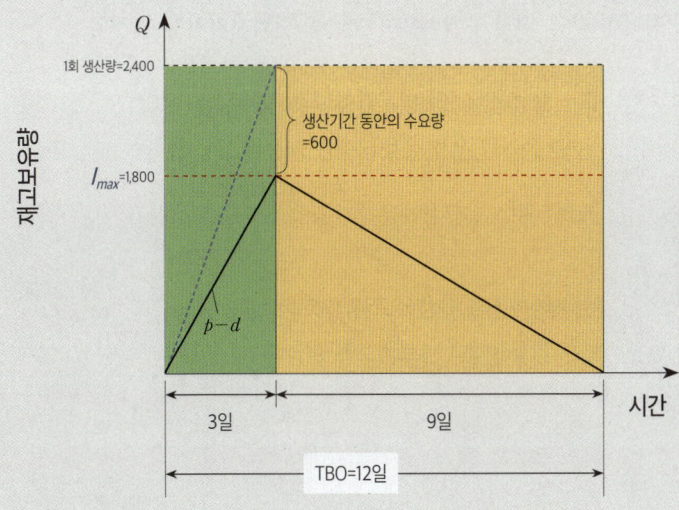

7. 수량할인이 있는 경우 경제적 주문량

수량할인(quantity discount)은 대량으로 구입하도록 유도하기 위해 대량주문 고객에 대한 가격할인임. 수량할인을 이용하기로 결정한 경우, 목표는 총비용을 최소화할 수 있는 발주량을 선택하는 것임. 총비용은 재고유지비용, 주문비용 그리고 구매비용, 즉 제품비용의 합계임

$$TC = 재고유지비용 + 주문비용 + 구매비용$$
$$= \frac{Q}{2}(H) + \frac{D}{Q}(S) + PD$$

여기서 Q = 발주량
H = 단위당 연간 재고유지비용
D = 연간 수요
S = 주문비용
P = 단위당 가격

기본 EOQ 모형에서 발주량의 결정은 구매비용을 포함하지 않음. 단위당 가격을 포함하지 않는 이유는 수량할인이 없다는 가정 하에 단위당 가격은 모든 발주량에 대해 동일하기 때문임. 그러한 경우에 총비용 계산에서 단위당 가격을 포함시키면 단순히 P와 D를 곱한 값만큼 총비용을 증가시킬 것임. 연간 총구매비용($P \times D$)은 x축과 평행선을 이룸. 따라서 구매비용을 고려할 경우 총비용 곡선은 아래 그림과 같이 모든 점에서 동일한 양만큼 증가할 것임. 결국 구매비용이 EOQ를 변화시키지 않을 것임

구매비용을 포함한 총비용 곡선

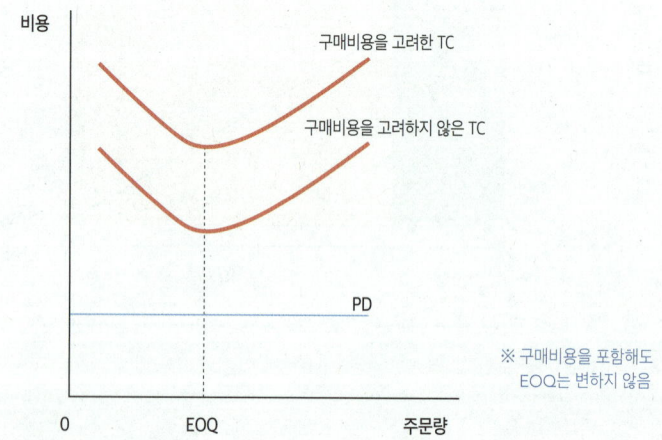

※ 구매비용을 포함해도 EOQ는 변하지 않음

수량할인이 있을 경우, 각 단위당 가격에 대해 U자형의 총비용곡선이 존재함. 여기에 다시 구매비용을 고려하면 각 총비용곡선은 일정한 금액만큼씩 증가함. 그러나 구매단가가 모두 다르기 때문에 각 총비용곡선의 증가량은 다름. 구매단가가 낮을 경우에는 구매단가가 높은 경우보다는 총비용이 더 적게 증가할 것임. 하나의 곡선이 전체 수량에 대해 적용되지 않는다는 점에 유의해야 함. 각 곡선은 다음 그림처럼 일부 범위에만 적용됨. 따라서 적용 가능하거나 실현가능한 총비용곡선은 초기에는 가장 높은 단가를 갖는 곡선이지만, 그 다음 가격할인이 적용되는 최소 수량인 가격 분기점에서 낮은 쪽 곡선으로 이동함

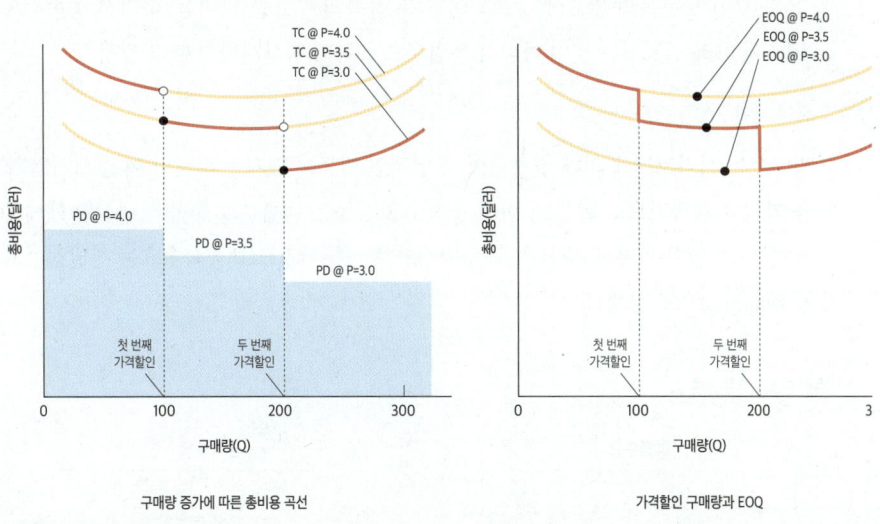

구매량 증가에 따른 총비용 곡선   가격할인 구매량과 EOQ

위의 오른쪽 그림에서 볼 수 있듯이 EOQ는 유효범위를 벗어날 수 있기 때문에 실행가능하지 않을 수도 있음. 로트크기가 대응되는 개당 단가의 범위 밖에 위치할 수 있는 것임. 위의 오른쪽 그림에서는 직관적으로 200개에서 총비용이 가장 작은 것을 알 수 있음. 즉 주문량에 따라 가격할인이 있는 경우의 EOQ모형에서 최적주문량은 재고유지비용과 연간 주문비용이 같아지는 지점에서 발생하지 않을 수 있음

Questions on 수량할인 EOQ

01 주문량에 따라 가격할인이 있는 경우의 EOQ모형에서 최적 주문량은 일반적으로 연간 재고유지비용과 연간 주문비용이 같아지는 지점에서 발생한다. 2021 CPA

| 1 | X |

8. 독립수요와 종속수요

1) 독립수요

독립수요(independent demand)란 완제품이나 예비부품(spare parts)에 대한 수요와 같이 다른 품목의 수요에 의존하지 않고 기업 외부의 시장조건에 의해 결정되는 수요를 말함

2) 종속수요

종속수요(dependent demand)란 최종제품의 생산에 소요되는 각종 원자재, 부품, 구성품 등과 같이 모품목의 수요에 종속되어 있는 품목의 수요를 의미함. 따라서 종속수요는 예측에 따라 결정되는 것이 아니라 독립수요 품목의 생산계획에 따라 결정됨

3) 수요의 패턴

독립수요는 시장조건에 의해 결정되며, 우연적인 변동이 있기는 하지만 어떤 시계열 패턴을 가지고 계속적으로 발생함. 반면 종속수요 품목은 독립수요 품목을 생산할 때에만 필요하고, 또 많은 경우에 생산은 로트 방식으로 이루어지므로 종속수요는 산발적이고 일괄적(lumpy)으로 발생함

독립수요와 종속수요

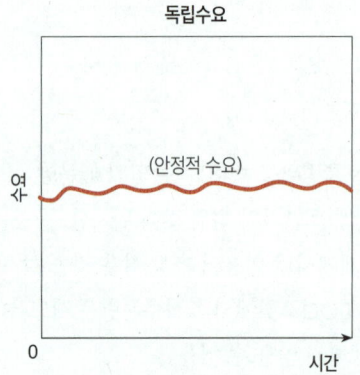
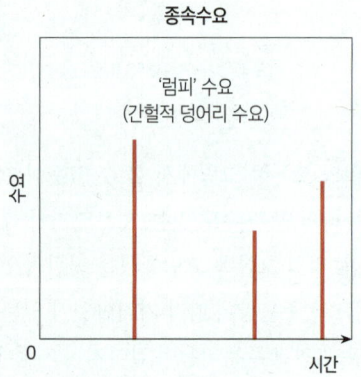

4) 보충(replenishment)과 소요(requirement)

보충과 소요의 개념

수요	관리개념	예
독립수요	보충 replenishment	재고가 줄어들면 고객의 수요에 대비하여 다시 재고를 보충
종속수요	소요 requirement	종속수요 품목의 주문량은 이들을 사용하는 상위단계의 품목이 그 종속수요 품목을 얼마나 필요하느냐에 따라 결정됨

Questions on 독립수요

01 도소매상과 같은 유통업체가 보유하는 품목들의 대부분이 독립수요를 갖는 재고라고 볼 수 있다. 2009 CPA

| 1 | O |

9. 재고시스템

재고시스템의 유형

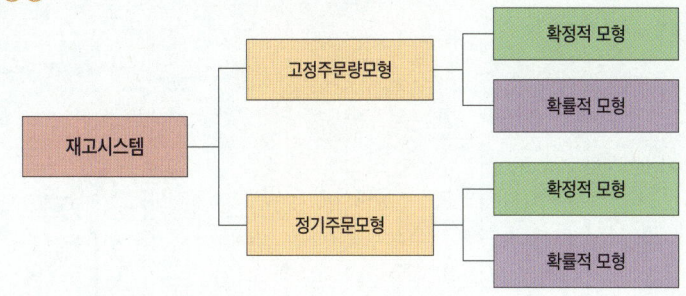

(1) 고정주문량모형(=연속조사 시스템=Q 시스템)

고정주문량모형(fixed-order quantity model)에서는 재고수준이 미리 정해진 재주문점(reorder point) R에 도달하면 일정한 양 Q만큼 주문

1) 확정적 고정주문량모형의 재주문점 산출(=EOQ 모형)

확정적 고정주문량모형은 수요나 리드타임이 일정하기 때문에 재주문점 R은 리드타임 동안의 수요량이며 안전재고는 필요 없음

확정적 고정주문량모형

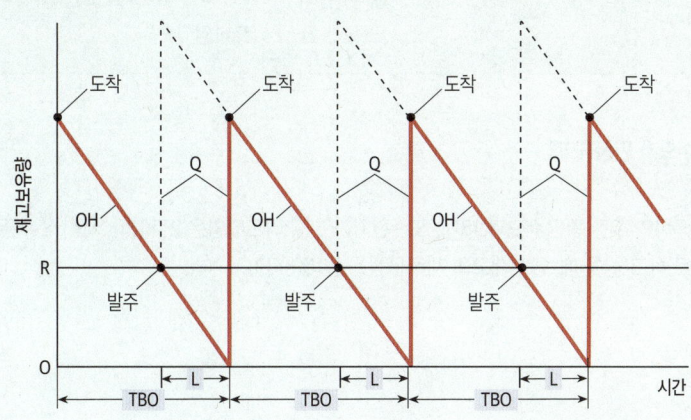

$$R = d \times L$$
$$d = \text{수요율}$$
$$L = \text{리드타임}$$

2) 확률적 고정주문량모형의 재주문점 산출

수요나 리드타임에 변동성이 있을 경우, 실제 수요가 예측 수요를 초과할 가능성이 나타남. 결과적으로 리드타임 동안 재고를 소진할 위험을 줄이기 위해 안전재고(safety stock)라는 추가적인 재고를 유지해야 함. 재주문점은 안전재고량으로 인해 증가함

확률적 고정주문모형

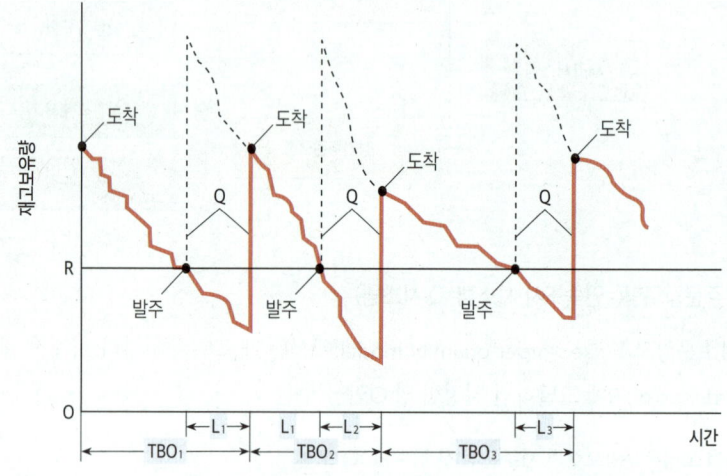

$$R = \text{리드타임 기간 동안 평균수요} + \text{리드타임 기간 동안의 안전재고}$$
$$= (\bar{d} \times L) + \text{리드타임 기간 동안의 안전재고}$$
$$\bar{d} = \text{주간 (또는 일간, 월간) 평균수요}$$
$$L = \text{리드타임}$$

Q&A 수요가 변동할 때

어떤 품목의 주간 평균수요가 18개, 표준편차가 5개, 리드타임은 2주이다. 서비스 수준을 90%로 하고 싶을 때, 안전재고와 재주문점은 얼마인가?

Q&A

이경우 $\sigma_d = 5$개, $\overline{d} = 18$개, $L = 2$주, $z = 1.28$이므로

안전재고 $= z \cdot \sigma_d \cdot \sqrt{L} = 1.28(5)\sqrt{2} = 9.05$개

재주문점(R) = 리드타임 동안의 기대수요 + 안전재고

$\quad = \overline{d}\,L + z \cdot \sigma_d \cdot \sqrt{L}$

$\quad = (18)(2) + 9.05$

$\quad = 45.05$개

Questions on Q-모형

01 동일한 수준의 품절률을 가정하면, Q 시스템이 P 시스템에 비해 더 낮은 안전재고 수준을 유지한다. 2003 CPA

02 Q 시스템에서는 현 재고 상태를 항시 알고 있어야 하므로 P 시스템에 비해 일반적으로 재고조사 비용이 많이 소요된다. 2003 CPA

03 조달기간(replenishment leadtime)동안의 수요에 변동성이 없다면 재주문점은 조달기간 동안의 일일 평균수요의 합과 동일하다. 2004 CPA

04 재주문점(reorder point)의 설정을 위해서 주문간격(order interval)동안에 예측되는 수요의 평균과 표준편차가 사용된다. 2008 CPA

05 고정주문량(fixed order quantity) 모형은 주문량이 고정되어 있으며 재고가 특정 수준까지 줄어들면 주문을 발주하는 재고관리 모형이다. 2010 CPA

06 고정주문량 모형(Q-모형)을 이용하는 경우, 리드타임 동안에 재고부족이 발생할 수 있으므로 리드타임 동안의 품절 위험에 대비한 안전재고를 고려해야 한다. 2013 CPA

07 확률적 고정주문량모형에서 주문주기(order cycle)는 일정하지 않다. 2015 CPA

08 확률적 고정주문량모형(fixed-order quantity model, Q-system)에서는 재고수준이 재주문점(reorder point)에 도달할 때 새로운 주문을 하게 된다. 2015 CPA

09 수요의 변동성이 커질수록, 특정 서비스수준(service level)의 달성을 위해 정량발주시스템에서는 재주문점이 증가하고 정기 발주시스템에서는 주문량이 증가하는 것이 일반적이다. 2017 CPA

1	O	2	O	3	O	4	X	5	O	6	O	7	O	8	O
9	O														

→ 다음장에 문제 계속

10 정량발주시스템에서는 품절이 발생하지 않으며, 정기발주시스템에서는 주문시점부터 주문량이 도착할 때까지의 기간에만 품절이 발생한다. 2017 CPA

11 정량발주시스템은 재고수준이 재주문점(reorder point) 이하로 떨어지는 경우 사전에 결정한 주문량과 현 재고 수준과의 차이만큼을 주문하고, 정기발주시스템은 일정 시점마다 사전에 결정한 주문량만큼을 주문한다. 2017 CPA

12 정량발주시스템(Q시스템)은 주문시점마다 재고수준을 점검하고, 정기발주시스템(P시스템)은 재고에 변동이 발생할 때마다 재고 수준을 점검한다. 2017 CPA

13 A사에서 판매하는 제품의 일일 수요는 평균이 20개이고 표준편차가 5개인 정규분포를 따르며 서로 독립이다. A사는 외부 업체로부터 제품을 조달하며, 주문 후 입고되기까지의 조달기간(lead time)은 9일이다. A사가 95%의 서비스수준(service level)을 충족하는 최소의 안전재고를 유지하고자 할 때, 정량발주시스템에서 재주문점(reorder point)은 180개이다.(단, Z를 표준정규분포를 따르는 확률변수라고 할 때, Pr(Z>1.6)=0.05로 가정하라). 2018 CPA

14 A사에서 판매하는 제품의 일일 수요는 평균이 20개이고 표준편차가 5개인 정규분포를 따르며 서로 독립이다. A사는 외부 업체로부터 제품을 조달하며, 주문 후 입고되기까지의 조달기간(lead time)은 9일이다. A사가 95%의 서비스수준(service level)을 충족하는 최소의 안전재고를 유지하고자 할 때, 정량발주시스템(Q시스템)에서 필요한 안전재고는 50개보다 많다.(단, Z를 표준정규분포를 따르는 확률변수라고 할 때, Pr(Z>1.6)=0.05로 가정하라). 2018 CPA

15 A제품의 수요는 일간 평균이 3인 정규분포를 따른다. 신규주문에 대한 리드타임(lead time)은 2일이며 확정적이다. 고정주문량모형(Q-시스템)을 사용한다고 가정할 때, 서비스 수준(service level) 50%를 위한 재주문점(reorder point)은 6이고 안전재고량(safety stock)은 0이다. 2020 CPA

16 A제품의 수요는 일간 평균이 3인 정규분포를 따른다. 신규주문에 대한 리드타임(lead time)은 2일이며 확정적이다. 고정주문량모형(Q-시스템)을 사용한다고 가정할 때, 임의의 서비스 수준을 충족하는 재주문점이 8.33이라면, 안전재고량은 2.33이다. 2020 CPA

17 A제품의 수요는 일간 평균이 3인 정규분포를 따른다. 신규주문에 대한 리드타임(lead time)은 2일이며 확정적이다. 고정주문량모형(Q-시스템)을 사용한다고 가정할 때, 서비스 수준 90%를 충족하는 재주문점이 8.56이라면, 리드타임 동안 수요의 표준편차는 2이다.(단, Z가 표준정규분포를 따르는 확률변수라고 할 때, Pr(Z>1.28)=0.10이고 Pr(Z>1.65)=0.05이다.) 2020 CPA

18 A제품의 수요는 일간 평균이 3인 정규분포를 따른다. 신규주문에 대한 리드타임(lead time)은 2일이며 확정적이다. 고정주문량모형(Q-시스템)을 사용한다고 가정할 때, 수요의 표준편차가 커질 경우, 안전재고량과 재주문점은 모두 증가할 것이다. 2020 CPA

19 A제품의 수요는 일간 평균이 3인 정규분포를 따른다. 신규주문에 대한 리드타임(lead time)은 2일이며 확정적이다. 고정주문량모형(Q-시스템)을 사용한다고 가정할 때, 서비스 수준 95%를 충족하는 재주문점이 7.65라면, 서비스 수준 90%에 대한 재주문점은 8.56이다.(단, Z가 표준정규분포를 따르는 확률변수라고 할 때, Pr(Z>1.28)=0.10이고 Pr(Z>1.65)=0.05이다.) 2020 CPA

20 K기업은 화학원료를 고정주문량모형(Q-시스템)을 사용하여 외부업체로부터 조달하고 있다. 이 원료의 수요는 일간 평균 20리터인 정규분포를 따른다. 리드타임(lead time)은 3일이며 확정적이다. 현재 방침인 95% 서비스수준(service level)에 대한 재주문점(reorder point)은 76.5리터이나, 향후 서비스수준을 99%로 올린다면, 새로운 서비스수준을 충족하는 재주문점과 안전재고는 각각 83.3과 23.3 리터이다. (단, 가 표준정규분포를 따르는 확률변수라고 할 때, Pr(Z>1.65)=0.05이고 Pr(Z>2.33)=0.01이다. 2021 CPA

21 고정주문량모형은 주기조사시스템(periodic review system)이라고도 불리며 안전재고를 활용하여 수요변화에 대처한다. 2022 CPA

22 고정주문량모형(fixed-order quantity model)에서는 고정된 로트(lot) 크기로 주문하므로 수량할인이 가능하다. 2022 CPA

| 10 | X | 11 | X | 12 | X | 13 | X | 14 | X | 15 | O | 16 | O | 17 | O |
| 18 | O | 19 | X | 20 | O | 21 | X | 22 | O | | | | | | |

(2) 정기주문모형(=주기조사시스템=P 시스템)

정기주문모형(fixed-order interval model)에서는 미리 정해진 일정한 시간간격마다 주문을 하며, 보통은 목표재고수준(target inventory level) 또는 재고보충수준을 미리 정해놓고 주문시점의 재고수준과 목표재고수준과의 차이만큼을 주문함

1) 확정적 정기주문모형

정기주문모형에서는 P 기간마다 주문을 하며, 주문량은 주문시점의 재고수준과 목표재고수준 T와의 차이가 됨. 따라서 정기주문모형에서는 최적주문주기 P와 최적목표재고수준 T의 값을 구해야 함

확정적 정기주문모형

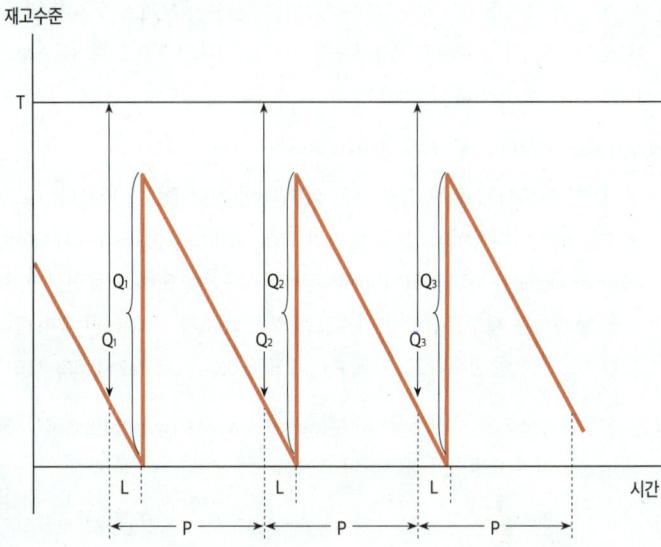

① 최적주문주기

EOQ 모형과 동일한 가정을 하고 재고부족을 허용하지 않으면 한 주문주기 당 주문량 Q는 주문주기 P 기간 동안의 수요 D를 충족시켜야 하므로 다음과 같음

$$P = \frac{Q}{D}$$

위 식과 EOQ 모형을 활용해서 최적주문주기를 구하면 다음과 같음

$$P = \frac{Q}{D} = \frac{EOQ}{D} = \frac{1}{D}EOQ = \frac{1}{D}\sqrt{\frac{2DS}{H}} = \sqrt{\frac{2S}{DH}}$$

② 최적목표재고수준

최적목표재고수준 T는 방지기간 동안의 수요 즉 주문량 Q에 조달기간 L 동안의 수요를 더한 값이므로 다음과 같음

$$T = Q + d \cdot L = \sqrt{\frac{2DS}{H}} + d \cdot L$$

2) 확률적 정기주문모형

P시스템에서는 P 기간 동안 재고를 조사, 보충, 조정을 할 수 없기 때문에, 한 번의 주문으로 다음 번 주문까지 견딜 수 있어야 함. 즉 주문할 때마다 $P+L$ 기간 동안을 방지기간(protection interval)으로 설정해야 함

확률적 정기주문모형

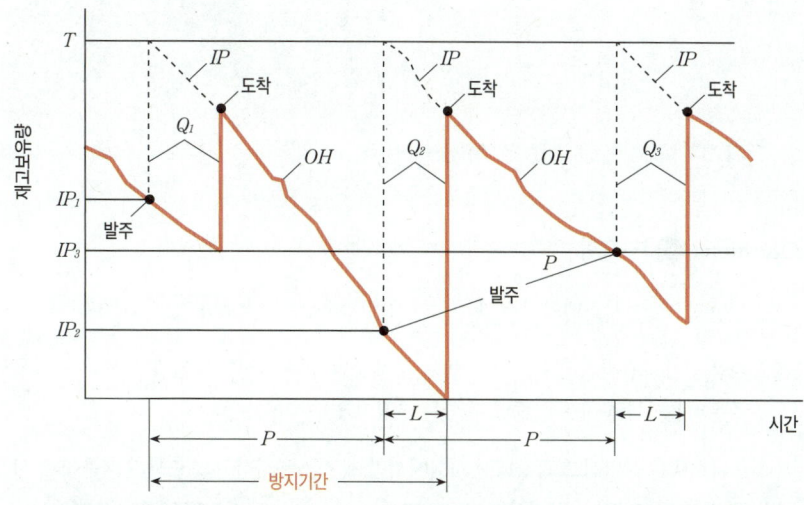

T = 방지기간 동안의 평균수요 + 방지기간 동안의 안전재고
  = $\bar{d}(P+L)$ + 방지기간 동안의 안전재고

T = 목표재고
$\bar{d}$ = 주간 (또는 일간, 월간) 평균수요
P = 조사간격
L = 리드타임

Q&A 수요가 변동할 때

어떤 품목의 주간 평균수요가 18개, 표준편차가 5개, 리드타임은 2주이고 주문간격은 4주이다. 서비스 수준을 90%로 하고 싶을 때, Q시스템에서는 안전재고가 9.05개였다. P시스템에서는 최적목표재고량은 얼마인가?

Q&A

이 경우 $\sigma_d = 5$개, $\bar{d} = 18$개, $P = 4$주, $L = 2$주, $z = 1.28$이므로

목표재고수준(T) = 방지기간 동안의 평균수요 + 방지기간 동안의 안전재고

$$= \bar{d}(P+L) + z\sigma_{P+L}$$
$$= \bar{d}(P+L) + z\sigma_d\sqrt{P+L}$$
$$= 18(4+2) + 1.28(5)\sqrt{4+2}$$
$$= 108 + 15.68$$
$$= 123.68개$$

Questions on P-모형

01 일반적으로 P 시스템의 주문간격은 Q 시스템의 주문간격보다 길다. 2003 CPA

02 다품종 재고관리의 경우, P 시스템은 각 제품의 주문을 묶어서 일괄 요청할 수 있으므로 주문비용과 수송비용을 줄일 수 있는 장점이 있다. 2003 CPA

03 P 시스템은 정기적으로 정해진 시점에서만 재고를 조사하고 보충하기 때문에 Q 시스템에 비해 재고관리가 간편하다. 2003 CPA

04 정기주문모형(periodic review system)은 재주문점(reorder point)의 개념과 병행되어 사용된다. 2004 CPA

05 고정주문간격(fixed order interval) 재고관리시스템에서 주문간격이 길수록 목표재고(target inventory)의 양이 증가한다. 2008 CPA

06 고정기간 모형은 고정주문량 모형에 비하여 평균적으로 더 많은 안전재고를 보유한다. 2010 CPA

07 고정기간(fixed time period) 모형은 주문과 주문 사이의 기간이 고정되어 있고, 정해진 주기가 종료되는 시점에서만 발주하는 재고관리 모형이다. 2010 CPA

08 수요의 분포, 리드타임의 분포, 재고비용 등 재고시스템을 설계하기 위한 모든 환경이 동일하다면 일반적으로 고정기간모형(fixed-time period model)이 고정주문량모형(fixed-order quantity model)에 비해 필요한 안전재고(safety stock)의 양이 증가한다. 2011 CPA

09 정기재고검토시스템(periodic review system)은 연속재고검토시스템(continuous review system)에 비해 재고확인을 위한 비용을 줄일 수 있고, 값싼 품목에 대해 적용하기 좋다. 2012 CPA

10 정기주문 모형(P-모형)을 이용하는 경우, 리드타임 동안 뿐만 아니라 주문시점부터 다음 재고조사 시점까지의 수요의 불확실성도 고려하여 안전재고를 확보해야 한다. 2013 CPA

11 EOQ 모델의 기본 가정 하에서는 정량발주모형(fixed-order quantity model)보다 정기발주모형(fixed-order interval model)의 평균 재고수준이 높게 된다. 2016 CPA

12 A사에서 판매하는 제품의 일일 수요는 평균이 20개이고 표준편차가 5개인 정규분포를 따르며 서로 독립이다. A사는 외부 업체로부터 제품을 조달하며, 주문 후 입고되기까지의 조달기간(lead time)은 9일이다. A사가 95%의 서비스수준(service level)을 충족하는 최소의 안전재고를 유지하고자 할 때, 주문주기가 16일인 정기발주시스템을 사용하는 경우, 주문시점에서 30개의 재고가 남아있었다면 주문량은 600개보다 많다.(단, Z를 표준정규분포를 따르는 확률변수라 할 때, Pr(Z>1.6)=0.05로 가정하라). 2018 CPA

13 A사에서 판매하는 제품의 일일 수요는 평균이 20개이고 표준편차가 5개인 정규분포를 따르며 서로 독립이다. A사는 외부 업체로부터 제품을 조달하며, 주문 후 입고되기까지의 조달기간(lead time)은 9일이다. A사가 95%의 서비스수준(service level)을 충족하는 최소의 안전재고를 유지하고자 할 때, 주문주기가 16일인 정기발주시스템을 사용하는 경우, 최대 재고량의 목표치는 352개이다.(단, Z를 표준정규분포를 따르는 확률변수라고 할 때, Pr(Z>1.6)=0.05로 가정하라). 2018 CPA

14 A사에서 판매하는 제품의 일일 수요는 평균이 20개이고 표준편차가 5개인 정규분포를 따르며 서로 독립이다. A사는 외부 업체로부터 제품을 조달하며, 주문 후 입고되기까지의 조달기간(lead time)은 9일이다. A사가 95%의 서비스수준(service level)을 충족하는 최소의 안전재고를 유지하고자 할 때, 주문주기가 16일인 정기발주시스템(P시스템)을 사용하는 경우, 필요한 안전재고는 40개이다.(단, Z를 표준정규분포를 따르는 확률변수라고 할 때, Pr(Z>1.6)=0.05로 가정하라). 2018 CPA

15 정기주문모형에서는 배달시기와 배달경로의 표준화가 용이하며 같은 공급자에게 여러 품목을 동시에 주문할 수 있는 장점이 있다. 2022 CPA

16 정기주문모형(fixed-order interval model)에서는 정해진 목표 재고수준에 따라 주문시점에 재고수준과 목표재고수준의 차이 만큼 주문한다. 2022 CPA

1	X	2	O	3	O	4	X	5	O	6	O	7	O	8	O
9	O	10	O	11	X	12	X	13	X	14	O	15	O	16	O

(3) 재고모형 종합

개념비교

고정주문량모형(Q-시스템)	재고수준을 항상 파악하고 있어 언제든 주문이 가능하므로 주문의 마지노선인 재주문점(R)을 정하는 것이 중요한 재고모형
정기주문모형(P-시스템)	재고를 정기적으로 확인하므로 재고가 고갈되지 않도록 쌓아놓는게 중요한 재고모형

재주문점과 목표재고수준 구하기

재고모형	확정적/확률적	재주문점 or 목표재고수준
고정주문량 모형	확정적	재주문점 (R) = 방지기간 동안의 수요 $= dL$
	확률적	재주문점 (R) = 방지기간 동안의 기대수요 + 방지기간 동안의 안전재고 $= \bar{d}L + Z \cdot \sigma^d \cdot \sqrt{L}$
정기주문 모형	확정적	목표재고수준 (T) = 방지기간 동안의 수요 $= d(P+L)$
	확률적	목표재고수준 (T) = 방지기간 동안의 기대수요 + 방지기간 동안의 안전재고 $= \bar{d}(P+L) + Z \cdot \sigma^d \cdot \sqrt{P+L}$

(4) Q시스템과 P시스템의 차이

1) **P시스템의 장점**

    ① 주기적으로 재고를 보충하므로 재고관리가 편하며, 주문 간격이 고정되면 배달시기와 배달경로를 표준화할 수 있음
    ② 같은 공급자에게 구매하는 여러 품목을 묶어서 주문할 수 있음
    ③ 재고를 조사할 때에만 재고상태(IP)를 파악하면 됨

2) **Q시스템의 장점**

    ① 품목별로 조사빈도를 달리할 수 있음. 품목별로 적정한 조사빈도를 정하면 주문비용과 재고유지비용을 절감할 수 있음
    ② 고정 로트 크기는 수량할인을 가능하게 함
    ③ 안전재고 수준이 낮아져서 비용을 절감할 수 있음

3) Q시스템 vs P시스템

유형	주문시기	주문량	재고수준 검토	방지기간
고정주문량모형 (Q시스템)	재고수준이 재주문점에 도달할 때	일정	계속 검토	리드타임
정기주문모형 (P시스템)	미리 정해진 주문주기의 말	변함	주문주기의 말에만 검토	주문간격+리드타임

10. 특수한 재고시스템

(1) 이중상자 시스템

이중상자 시스템(two-bin system)은 Q시스템의 개념을 시각적 시스템으로 전환한 것. 즉 재고수준을 시각적으로 판단하여 특정 표시 시점까지 줄어들면 작업자가 주문을 내도록 하는 시스템

Questions on 이중상자 시스템

01 투빈시스템(two-bin system)은 주기별 주문량이 일정한 고정주문량모델이다. 2015 CPA

| 1 | O |

(2) 단일상자 시스템

단일상자 시스템(one-bin system)은 P시스템의 개념을 시각적 시스템으로 전환한 것

(3) 조건부 보충시스템

조건부 보충시스템(optional replenishment system)은 고정된 시간 간격으로 재고상태를 조사하여 재고상태가 사전에 정한 수준 이하로 떨어지면 예상 수요에 대비할 수 있을 만큼 주문함

Questions on 조건부 보충시스템

01 조건부 보충 시스템(optional replenishment system)은 재고수준을 정기적으로 확인했을 때 재고량이 사전에 정한 최저재고수준보다 작으면 주문을 하여 최대(목표)재고수준이 되도록 하는 시스템이다. 2012 CPA

| 1 | O |

(4) 기본재고 시스템

가장 간단한 형태인 기본재고 시스템에서는 재고가 인출될 때마다 인출량만큼 보충주문을 함. 이러한 1:1 보충정책 때문에 재고수준을 리드타임 동안의 수요량과 안전재고의 합과 같은 기본재고 수준으로 항상 유지할 수 있음

(5) 단일기간 재고시스템

단일기간 재고시스템(single-period inventory system)은 구매가 일회성이고 재고기간이 짧은 경우에 적용됨. 신문, 호텔의 객실, 비행기 좌석 등이 그 예

1) 재고관련 비용

단일기간 재고모형에서는 일반적으로 재고의 부족 및 잉여와 관련된 두 가지 비용에 초점을 둠

① 재고부족비용

재고부족으로 인해 단위당 실현되지 않은 이익

> 재고부족비용 (shortage cost) : C_s = 단위당 가격 − 단위당 원가

② 재고잉여비용

유통기간 마지막에 남은 항목으로 인한 것으로 구입비용과 잔존가치의 차이

> 재고잉여비용 (excess cost) : C_e = 단위당 원가 − 단위당 잔존가치

2) 연속수요일 때 재고수준

> 서비스 수준 $= \dfrac{C_s}{C_s + C_e}$
>
> 여기서,
> C_s = 단위당 재고부족비용
> C_e = 단위당 재고잉여비용

Questions on 단일기간 재고모형

01 단일기간(single period) 재고모형은 재고부족에 따른 기회비용과 초과재고에 따른 재고잉여비용의 합을 최소화하는 재고모형이다. 2004 CPA

02 단일기간 재고모형에서 수요의 확률분포를 0에서 100사이의 연속형 균일분포(uniform distribution)로 가정하는 경우, 단위당 품절비용 대 단위당 재고 비용의 비율이 1:1에서 3:1로 증가되면 적정 주문량은 50% 증가된다. 2005 CPA

03 단일기간 재고모형에서 수요가 확정적인 경우 수요량만큼 주문한다. 2005 CPA

04 단일기간 재고모형에서 단위당 품절비용이 증가되면 적정 주문량도 증가될 가능성이 높다. 2005 CPA

05 단일기간 재고모형은 조달기간이 길고 수명주기가 짧은 상품에 대한 주문량 결정과 호텔의 초과예약 객실 수 결정에도 적용된다. 2005 CPA

06 단일기간 재고모형은 단위당 품절비용, 단위당 재고비용, 1회 주문비용 등을 고려하여 주문량을 결정한다. 2005 CPA

07 단일기간재고모형(single-period model)에는 단일기간 동안에 예측되는 수요의 분포가 사용된다. 2008 CPA

08 단일기간(single-period) 재고모형은 정기간행물, 부패성 품목 등 수명주기가 짧은 제품의 주문량 결정 뿐 아니라 호텔 객실 등의 초과예약수준 결정에도 활용될 수 있다. 2016 CPA

1	2	3	4	5	6	7	8
O	O	O	O	O	X	O	O

Q&A 최적 재고량

우리 나이트클럽의 매주 사이다 수요는 300~500리터 정도이다. 리터당 사이다 원가는 200원이고, 판매가는 800원이며, 판매되지 않은 김빠진 사이다는 그냥 버려진다고 할 때 최적재고량을 구하시오.

Q&A

$C_s = 800 - 200 = 600, C_e = 200 - 0 = 200$

서비스 수준 $= \dfrac{600}{600+200} = 0.75$

최적 재고량 $= 300 + 0.75(500 - 300) = 450$

∴ 450리터 재고를 확보하는 것이 최적임

07 운영계획과 자원계획

1. 생산계획간 관계

■ Questions on 생산계획간 관계

01 제품군 내 품목별 대생산일정계획(master production schedule)은 총괄생산계획의 분해 (disaggregation)를 통해 얻어진다. 2004 CPA

02 일반적으로 생산계획은 총괄생산계획, 자재소요계획(MRP), 기준생산계획(MPS), 작업일정계획(job scheduling)의 순으로 수립한다. 2014 CPA

03 총괄생산계획은 주생산계획(master production schedule) 이후에 수립한다. 2015 CPA

04 자재소요계획(MRP)을 통해 하위품목에 대한 조달일정이 정해진 이후, 완제품에 대한 주생산계획(MPS)을 수립한다. 2020 CPA

| 1 | O | 2 | X | 3 | X | 4 | X |

2. 총괄생산계획

(1) 영역

장기계획	중기계획	단기계획
장기생산능력 입지선정 설비배치 제품설계 작업시스템설계	고용수준 산출량 재고수준 미납주문 하도급	설비작업량 작업할당 작업순서 생산로트크기 주문량 작업일정
* 장기계획에 대해서는 이미 앞에서 다룸	총괄생산계획의 영역	주생산계획의 영역

(2) 총괄생산계획(aggregate production planning)

향후 1년에 걸친 계획대상기간 동안 변화하는 수요를 가장 경제적으로 충족시킬 수 있도록 월별로 기업의 전반적인 고용수준, 산출량, 재고수준, 하도급수준 등을 결정하는 중기계획

1) 목적
세부적인 면에 지나치게 빠져들지 않으면서 회사의 전략적 목표와 일치하는 일반적인 행동방안을 제시하는 것

2) 특성
보통 1년을 대상 계획기간으로 함

3) 산출단위의 통합
철강산업의 톤, 페인트산업의 갤런 등과 같이 생산되는 모든 제품을 총괄할 수 있는 하나의 산출단위, 즉 총괄생산단위로 표시

4) 생산량 조정
생산설비 능력, 고용수준, 하도급, 재고수준 등의 변경을 통하여 생산량 조정

■ Questions on APP개념

01 총괄생산계획은 데이터베이스를 통합 구축하여 생산 일정을 총괄적으로 수행할 수 있게 해주는 계획이다. 2001 CPA

02 총괄생산계획(aggregate planning)의 수립을 위해서 제품군 내의 품목들에 대한 공통의 측정 단위가 필요하다. 2004 CPA

03 총괄계획은 설비, 인력, 투입 부품 등을 공통으로 사용하는 제품모델들로 구성된 제품군에 대한 생산계획으로, 이 단계에서는 제품모델별 생산계획은 도출하지 않는다. 2005 CPA

04 총괄생산계획(aggregate production planning)은 제품군(product family)별 또는 제품구분 기준별로 생산율을 정하는 생산계획이다. 2010 CPA

05 로트크기(lot size)는 총괄계획의 주요 결과물 중 하나이다. 2020 CPA

06 총괄생산계획을 통해 개별 제품별로 월별 생산수준, 인력수준, 재고수준을 결정한다. 2022 CPA

| 1 | X | 2 | O | 3 | O | 4 | O | 5 | X | 6 | X |

(3) 수요와 생산용량 대안들

총괄생산계획에서 고르지 않은 수요에 대처하는 방안은 반응적 대안, 공격적 대안의 2가지로 구분됨

1) 반응적 대안(reactive alternatives)

   생산용량이 수요에 대응하도록 생산용량의 변경을 시도하는 것
   ① **인력조정** : 종업원을 채용하거나 해고
   ② **예상재고** : 비수기의 수요에 대처하여 예상재고를 축적하였다가 성수기에 사용
   ③ **인력활용** : 초과근무, 단축근무
   ④ **휴가계획** : 비수기에 최소인원 만을 남기고 회사의 조업을 중단
   ⑤ **하청업체** : 성수기에 단기생산능력 부족을 해결하고자 하청업체를 이용

2) 공격적 대안(aggressive alternatives)

   수요가 생산용량과 대응되도록 수요 변경을 시도함
   ① **보완적 제품** : 비슷한 자원을 필요로 하지만 서로 다른 수요를 가지고 있는 제품이나 서비스를 만들어내는 것
   ② **수요창출가격** : 수요를 창출하는 가격으로 판매를 촉진시키는 방법으로 여름의 겨울 옷 가격인하, 비수기 항공권가격 인하 등이 있음
   ③ **추후납품** : 추후납품(backlog)이란 미래에 납품하겠다고 약속한 고객 주문의 누적분임. 추후납품을 활용하면 미래의 생산량에 대한 불확실성이 줄고, 생산량의 균등화가 가능해짐

(4) 반응적 대안들을 활용한 수요 충족 기본전략

1) 추종전략(chase strategy)

   수요변동에 따라 종업원을 채용 또는 해고함으로써 고용수준을 수요율과 일치시키는 전략으로 공급이 수요를 따라가는 전략

2) 평준화 전략(level strategy)

   고용수준을 일정하게 유지하는 전략으로 '서비스' 보다는 '제품'을 생산하는 조직에 더 적합

   ① **재고수준을 조정하는 전략**

   수요의 변동성을 극복하기 위해 완제품의 재고를 가지는 것으로 고용수준이나 생산율을 고정시키고 재고수준을 조절함으로써 수요의 변동을 흡수하는 전략

② **노동력의 이용률을 조정하는 전략**

노동력의 규모는 일정하게 유지하되 잔업과 유휴시간을 통한 이용률을 조정하여 수요의 변동에 대비하는 전략

③ **하청을 이용하는 전략**

고용수준과 생산율을 모두 일정하게 유지하고, 수요변동은 하청을 이용하여 흡수하는 전략

3) **혼합전략**

총괄생산계획에서 수요변동에 대처하기 위해 사용할 수 있는 변수들은 채용과 해고를 통한 고용수준의 조정, 잔업과 유휴시간에 의한 작업시간의 조정, 재고 및 추후납품 그리고 하청 등임. 이 가운데서 하나의 전략만을 사용하여 수요변동을 흡수하는 전략을 순수전략(pure strategy)이라 하고, 두 개 이상의 변수를 혼합하여 사용하면 혼합전략(mixed strategy)이라 함

Questions on 수요 충족 기본전략

01 총괄생산계획에서 재고, 초과작업, 하청 등을 이용하여 계획기간동안의 수요변동에 대처하고자 하는 전략을 평준화 전략(level strategy)이라고 한다. 2004 CPA

02 총괄생산계획에서 수요변동에 따른 고용 인력의 조정이 어려운 경우에는 추종전략(chase strategy)을 사용하여 목표생산량을 만족시킬 수 있다. 2004 CPA

03 최적 총괄계획을 도출하는 과정은 수요추종전략, 생산수준 평준화전략, 작업시간 조정전략을 각각 적용하고 여기서 얻어진 총괄계획 중 가장 우수한 것을 선택하는 것이다. 2005 CPA

04 총괄생산계획을 작성하기 위한 전략 중 평준화전략(level strategy)을 사용한다면 수요추종전략(chase strategy)을 사용하는 경우에 비해 일반적으로 고용수준이 안정적으로 유지되는 장점이 있으나 재고비용이 증가한다. 2011 CPA

05 총괄생산계획을 위한 전략으로 생산율을 안정적으로 유지하기 위해 가격조정, 추후납품 등을 활용해 수요를 조정하는 방안이 사용될 수 있다. 2011 CPA

06 총괄생산계획에서 수요추종전략(chase strategy)은 재고와 부재고(backorder)의 조합을 활용하여 수요와 공급을 일치시키려는 전략이다. 2014 CPA

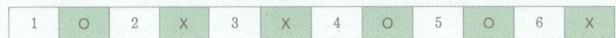

➜ 다음장에 문제 계속

07 총괄생산계획에서 평준화전략은 수요추종전략에 비해 재고수준의 변동폭이 크다. 2015 CPA

08 총괄생산계획에서 혼합전략은 수요추종전략이나 평준화전략(level strategy)에 비해 총비용이 증가하는 단점이 있다. 2015 CPA

09 총괄생산계획에서 수요추종전략(chase strategy)은 설비의 확장 및 축소를 통해 공급량을 조절하는 전략이다. 2015 CPA

10 총괄계획(aggregate planning)을 수립할 때 재고유지비용이 크다면, 수요추종전략(chase strategy)이 생산수준평준화전략(level strategy)보다 유리하다. 2020 CPA

11 제품은 서비스에 비해 수요와 공급을 일치시키기 위한 평준화 전략(level strategy)을 사용하기가 상대적으로 용이하다. 2021 CPA

12 재고수준의 변동은 일반적으로 수요추종 전략(chase strategy) 보다 평준화 전략(level strategy)을 활용할 경우 크게 나타난다. 2022 CPA

(5) 총괄생산계획에서 고려하는 비용

1) **정규시간비용**

   종업원들에게 지불되는 정규시간 보수뿐만 아니라 건강보험, 치과치료, 사회보장, 퇴직연금, 휴가나 공휴일 혹은 기타 유급휴가에 대한 급여를 포함함

2) **초과근무비용**

   초과근무비용은 부가급부를 제외하고 일반적으로 정규시간보수의 150%임

3) **채용과 해고비용**

   채용비용에는 구인 광고, 인터뷰, 신규 종업원을 위한 훈련 프로그램, 신규 종업원의 미숙련으로 인한 불량, 생산성 손실, 초기 서류작업 등이 있으며 해고비용은 해직면담, 퇴직수당, 남은 노동자와 관리자를 재훈련시키는 비용, 생산성 저하 등을 포함함

4) **재고유지비용**

   재고유지비용은 자본비용, 저장·창고의 변동비, 분실 및 진부화 비용, 보험비용과 세금 등을 말함

5) **미납주문과 재고고갈비용**

   생산촉진 비용, 고객들에게 주는 부정적인 이미지, 판매 기회 상실에 따른 기회비용 등을 의미함

■ Questions on 총괄생산계획에서 고려하는 비용

01 재고유지비용과 재고부족비용은 총괄계획의 대안들을 평가할 때 총비용에서 고려해야 하는 비용 요소에 포함된다. 2002 CPA

02 생산설비 운용 및 확장비용은 총괄계획의 대안들을 평가할 때 총비용에서 고려해야 하는 비용 요소에 포함된다. 2002 CPA

03 잔업비용과 유휴시간비용은 총괄계획의 대안들을 평가할 때 총비용에서 고려해야 하는 비용 요소에 포함된다. 2002 CPA

04 채용비용과 해고비용은 총괄계획의 대안들을 평가할 때 총비용에서 고려해야 하는 비용 요소에 포함된다. 2002 CPA

05 하청비용은 총괄계획의 대안들을 평가할 때 총비용에서 고려해야 하는 비용 요소에 포함된다. 2002 CPA

(6) 총괄생산계획의 제 기법

1) 시행착오적 기법

시행착오적 기법 가운데 가장 대표적인 방법은 도표법(graphical method)임. 도표법은 도표를 이용하여 총괄생산계획의 여러 가지 대안을 개발한 다음 이들의 총비용을 계산·비교하여 최선의 대안을 선택하는 기법

2) 수리적 기법

도표법은 간단하지만 최적해를 보장해 주지 못한다는 단점이 있음. 이러한 단점을 극복하기 위해 여러 가지 수리적 모형이 개발되었는데 선형계획법, 목표계획법, 수송모형 등이 이에 해당

3) 휴리스틱 기법(heuristic techniques)

① **경영계수 모형** management coefficient model
작업자 수 및 생산율에 관한 과거의 결정들을 이용한 다중회귀분석으로 결정규칙을 찾음

② **탐색결정규칙** search decision rules
비용함수의 형태에 관계없이 계획기간 중 최소의 비용을 가져오는 작업자 수 및 생산율을 체계적으로 탐색해나가는 기법

③ **지식기반 전문가 시스템** knowledge-based expert system
특정 영역의 문제를 해결하기 위해 전문가들의 축적된 지식을 이용하는 것으로 컴퓨터 프로그램임

Questions on 총괄생산계획의 제 기법

01 총괄생산계획을 위해 도표법, 선형계획법, 휴리스틱이 사용된다. 2015 CPA

02 최다 후속작업 우선규칙이나 최대 위치가중치(positional weight) 우선규칙 등의 작업할당 규칙은 휴리스틱(heuristic)이므로 최적해를 보장하지 않는다. 2019 CPA

| 1 | O | 2 | O |

3. 주생산계획

주생산계획(MPS: master production schedule)이란 총괄생산계획(aggregate production planning)을 분해(disaggregate)하여 제품 혹은 작업장 단위로 수립한 생산계획

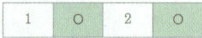
총괄생산계획에서 주생산계획으로 이동

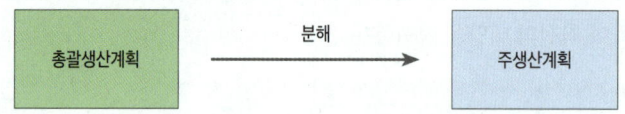

Questions on MPS

01 제품군별로 작성된 총괄생산계획(aggregate production planning)을 최종품목별로 세분화시킨 것이 주일정계획(master production planning)이다. 2011 CPA

02 기준생산계획(MPS)은 제품군에 대해 총괄적으로 작성된 총괄생산계획을 품목별로 분해하여 작성한다. 2014 CPA

03 주생산계획은 완제품의 생산시점과 생산량을 결정하고 이를 통해 그 제품의 예상재고를 파악할 수 있다. 2020 CPA

04 주생산계획(MPS)은 통상적으로 향후 수개월을 목표 대상기간으로 하여 주 단위로 수립된다. 2022 CPA

APP와 MPS의 비교

계획	대상기간	단위	대상
APP	보통 1년	월별	제품군별 생산율을 결정
MPS	보통 2개월 혹은 6~8주	주별	최종제품 생산수량

APP와 MPS의 예

총괄생산계획

월	1	2
가구(총괄단위)	900	950

주생산계획

주	1	2	3	4	5	6	7	8
모델 327	200			400		200	100	
모델 538		100	100		150		100	
모델 749			100			200		200

■ Questions 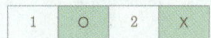 MPS vs APP

01 주생산계획(Master Production Schedule)은 총괄계획보다 계획기간이 길지 않다.
 2005 CPA

02 총괄생산계획(APP)을 통해 제품군 등을 기준으로 월별 혹은 분기별 생산량과 재고수준을 결정한 후, 주일정계획(MPS)을 통해 월별 혹은 분기별 인력운영 및 하청 계획을 수립한다. 2018 CPA

| 1 | O | 2 | X |

4. 자재소요계획(MRP)

(1) MRP의 의의

자재소요계획(material requirement planning)은 최종제품의 제조에 소요되는 원자재, 부품, 부분품 등과 같이 종속수요(dependent demand) 품목의 재고관리를 위한 재고관리기법임

(2) MRP의 이점

MRP는 필요로 하는 하위품목을 필요한 때에 필요한 양만큼 조달하는 것을 목적으로 생산일정이 단축된다든지 새로운 주문이나 주문이 취소되는 경우 등 상황변화에도 쉽게 하위품목의 조달계획을 수정할 수 있는 종속수요를 갖는 하위품목의 일정계획 및 재고통제기법임

(3) MRP의 특징

MRP는 컴퓨터에 기초한 재고관리기법으로 제조시스템에 최종 제품의 수가 다양하고 이에 종속되는 하위품목의 수 또한 다양한 경우에는 수작업에 의하여 다양한 하위품목들의 소요량과 소요시기를 결정하는 것은 불가능하며 결과적으로 MRP를 수행하기 위해서는 컴퓨터의 적용이 필수적임

(4) MRP 구성

MRP 개요

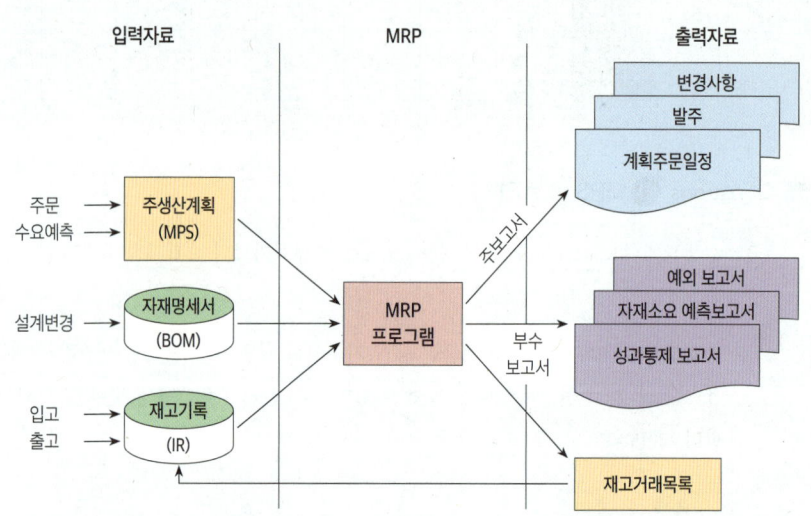

Questions on MRP

01 MRP운영에는 전산시스템이 중요하다. 2000 CPA

02 MRP는 계획생산에 입각한 푸쉬(push)방식을 적용한다. 2000 CPA

03 MRP는 독립수요 제품의 소요량 산정을 위해 주로 사용된다. 2000 CPA

04 시스템 운영원리의 특성에 따라 MRP는 push 시스템, JIT는 pull 시스템이라 불리기도 한다. 2006 CPA

05 MRP에서 주된 계획대상으로 삼고 있는 독립수요는 제품설계사양에 의해 일정한 규칙을 가지고 발생하게 된다. 2006 CPA

06 MRP의 주보고서로는 계획된 주문일정, 계획된 주문변경 등에 대한 보고서가 포함된다. 2007 CPA

07 MRP는 독립적 수요(independent demand)를 갖는 품목의 재고 및 생산계획과 관련된 컴퓨터 기반의 정보시스템이다. 2007 CPA

08 생산계획과 재고통제 기법인 MRP(material requirement planning)에 필요한 수요자료에는 완제품의 수요예측으로부터 산정되는 종속수요의 개념이 사용된다. 2008 CPA

09 서비스 업체는 자재, 인력, 설비 등의 특성이 제조업체와 상이한 관계로 MRP의 원리를 적용할 수 없다. 2009 CPA

10 생산능력소요계획(CRP)은 MRP 시스템의 운영과는 관계없는 별도의 계획이다. 2009 CPA

11 MRP 전개과정은 기준생산계획(MPS)의 완제품 생산량에 대한 생산 일정계획을 정하는 절차이다. 2009 CPA

12 자재소요계획(material requirements planning)은 완제품을 생산하기 위해 각 부품에 대한 주문과 중간조립품의 생산이 언제 이루어져야 하는가를 계획하는 것이다. 2011 CPA

13 MRP를 위해서는 BOM에 표시된 하위품목에 대한 별도의 수요예측(forecasting) 과정이 필요하다. 2019 CPA

14 MRP는 종속수요품목에 대한 조달 계획이며, 독립수요품목과 달리 시간에 따른 수요변동이 일괄적(lumpy)이라는 특징을 가진다. 2021 CPA

1	O	2	O	3	X	4	O	5	X	6	O	7	X	8	O
9	X	10	X	11	X	12	O	13	X	14	O				

(5) MRP의 입력자료

1) 주생산계획

주생산계획(MPS : master production schedule)은 특정기간 내에 최종 품목을 얼마나 많이 생산할 것인지를 나타내는 것

2) 자재명세서

자재명세서(BOM: bill of materials)는 최종제품의 제조에 소요되는 모든 부품, 상위품목-부품관계, 그리고 엔지니어링과 프로세스 설계에 근거한 부품사용량을 기록한 것. BOM에 포함된 항목들은 종속수요 품목이므로 별도의 수요예측 과정은 필요치 않음

3) 재고기록

재고기록(IR: inventory records)에는 재고품목에 대한 리드타임, 로트크기 등에 대한 정보와 기간별 소요량, 수취량, 발주량, 주문진전 상황, 지체에 대한 조치 등의 내용이 기재되고 재고의 보충과 인출이 정리·갱신되어 현 재고에 대한 상태가 제시됨

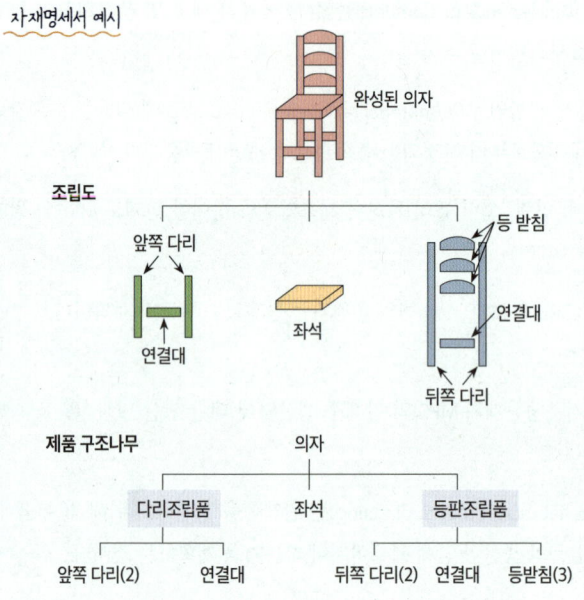

자재명세서 예시

하위수준 코딩

MRP 시스템이 소요량을 계산할 때, 컴퓨터는 단계별로 자재명세서를 검토한다. 다음 그림의 E와 같이, 하나의 구성품이 하나 이상의 단계에서 나타날 때, 해당 구성품의 모든 항목이 그 구성품이 나타나는 가장 낮은 단계로 나타나도록 하위수준 코딩(low-level coding)이 사용된다. 아래 그림에서 단계 2에서 E가 두 번 출현하고 단계 3에서 한번 출현하는 것에 대해 제품구조나무상의 단계 3에서 E가 세 번 발생하도록 단계 2의 E가 나타나는 수직적 2개(구성품 B를 위한 E와 구성품 C를 위한 E)를 단계 3까지 연장시키는 것이다.

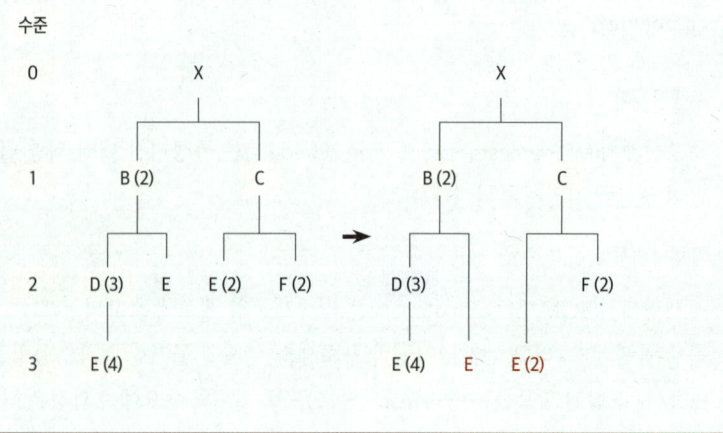

Questions on MRP 입력자료

01 MRP는 총괄생산계획(Master Production Schedule)이 전제가 되어야 한다. 2000 CPA

02 MRP는 자재명세서(Bill Of Materials)를 필요로 한다. 2000 CPA

03 대생산일정계획의 수립은 품목별로 생산 시기와 수량을 결정하는 작업으로서 자재소요계획(material requirement planning) 수립을 위한 정보가 된다. 2004 CPA

04 자재소요계획을 도출하기 위해서는 자재명세서, 재고 기록철, 총괄계획이 필요하다. 2005 CPA

05 MRP는 자재명세서(BOM) 외에도 원자재 및 부품의 재고현황, 조달에 필요한 소요기간(lead-time) 등에 대한 정확한 정보를 필요로 한다. 2006 CPA

06 MRP의 주요 입력요소로는 MPS, BOM, IR 등이 있다. 2007 CPA

07 자재명세서(BOM)는 특정 품목의 모든 부품들과 이들의 공정상의 선후관계 및 소요량을 그림이나 체계화된 목록으로 나타낸 것이다. 2009 CPA

08 MRP의 기본 입력자료 세 가지는 자재명세서(BOM), 기준생산계획(MPS) 그리고 수요예측이다. 2009 CPA

09 자재소요계획(MRP)은 최종제품을 언제, 얼마만큼 생산할 것인지를 나타내며 자재명세서(BOM) 등과 함께 기준생산계획(MPS)의 주요 입력자료이다. 2010 CPA

10 자재소요계획(MRP)의 작성을 위해서는 능력계획(capacity planning), 자재명세서(BOM), 재고기록철의 입력자료가 필요하다. 2014 CPA

11 MRP는 BOM의 나무구조(tree structure)상 하위품목에서 시작하여 상위품목 방향으로 순차적으로 작성한다. 2019 CPA

12 MRP를 위해서는 재고기록, MPS(기준생산계획), BOM(자재명세서)의 입력 자료가 필요하다. 2019 CPA

13 MRP에서 하위수준코딩(low level coding)이란 동일품목이 BOM의 여러 수준(계층)에서 출현할 때, 그 품목이 출현한 수준 중 최저수준과 일치하도록 BOM을 재구축하는 것을 의미한다. 2021 CPA

14 MRP의 입력자료인 자재명세서(BOM)는 품목 간의 계층관계와 소요량을 나무구조형태로 표현한 것이다. 2021 CPA

15 자재소요계획(MRP)의 입력자료에는 주생산계획, 자재명세서 재고기록철이 있다. 2022 CPA

| 1 | O | 2 | O | 3 | O | 4 | X | 5 | O | 6 | O | 7 | O | 8 | X |
| 9 | X | 10 | X | 11 | X | 12 | O | 13 | O | 14 | O | 15 | O | | |

(6) MRP 프로그램의 분류

1) 재생형(regenerative) MRP

   MRP 기록(records)을 주기적으로 업데이트 하는 프로그램

2) 순변화(net change) MRP

   MRP 기록(records)을 지속적으로 업데이트 하는 프로그램

■ Questions on MRP 분류

01 MRP의 운영체계로는 재생형(regenerative) MRP와 순변화(net change) MRP 시스템이 있다. 2007 CPA

| 1 | O |

(7) MRP 활용

MRP에서 제공되는 발주시점과 발주량은 각 작업장에서 작업우선순위를 결정하는데 매우 유용하게 이용될 수 있을 뿐만 아니라 컴퓨터에 의한 MRP 계획은 미래의 불확실성에 쉽게 대응할 수 있어 예기치 못한 새로운 주문이나 주문취소, 납기변경, 주문독촉 등의 경우에 조속한 재계획이 가능

1) 로트 대 로트(L4L, lot for lot) 발주

로트 대 로트 발주는 각 기간의 발주량이 그 기간의 수요와 동일하도록 정하는 것을 의미함. 이 방법은 발주량이 명백할 뿐만 아니라 차기까지 이월되어 보유되는 재고에 대한 투자를 최소화하지만 매 주문시 마다 발주량이 달라서 고정발주량의 경제적 이점을 누리지 못한다는 단점이 있음

용어설명

1. 총소요량(gross requirement)
   현재 보유량과 무관하게 각 기간별 특정 품목인 원재자의 총 예상 수요량

2. 순소요량(net requirements)
   각 기간에 필요한 실제 소요량

3. 계획입고량(planned order receipts)
   기간 초까지 수령되리라고 예상되는 수량. L4L 방식에서는 이 수량이 순소요량과 같다.

4. 계획발주량(planned order releases)
   각 기간의 계획된 발주량을 나타내는데, 이는 계획입고량(planned order receipts)을 리드타임만큼 역산하여 기간 이동한 것이다.

Q&A MRP전개

아래 주어진 정보를 사용하여 MRP 자재계획을 완성하시오.

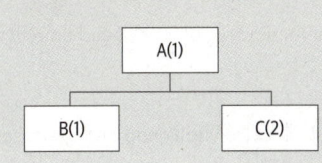

Q&A

A를 1단위 만들기 위해 B가 1단위, C가 2단위가 필요하다. 1주차의 상황은 아래와 같다.

품목	보유재고	리드타임(주)
A	100	1
B	150	2
C	80	1

그리고 A의 총소요량은 4주차에 200단위, 5주차에 250단위이다.

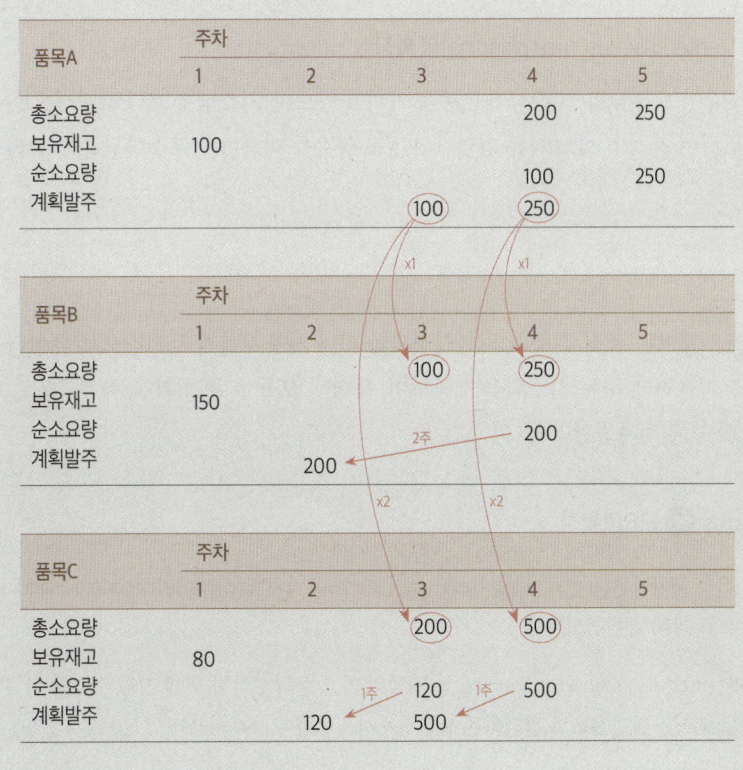

Questions on MRP 활용

01 MRP에서 각 품목의 발주시점은 그 품목에 대한 리드타임을 고려하여 정한다. 2019 CPA

02 MRP에서 계획발주량은 계획입고량(planned order receipts)을 리드타임(lead time)만큼 역산하여 기간 이동한 것이다. 2021 CPA

03 MRP에서 L4L(lot for lot) 방식으로 조달하는 품목의 계획발주량(planned order releases)은 보유재고로 인해 순소요량(net requirements)보다 많다. 2021 CPA

| 1 | O | 2 | O | 3 | X |

5. MRP 확장

(1) MRP II로의 확장

MRP(manufacturing resource planning) II는 MRP를 대체하거나 개선시키는 것이 아니라 오히려 MRP의 범주에 생산용량소요계획(CRP: capacity requirement planning)을 포함시키고 계획수립 과정에서 마케팅 및 재무와 같은 조직의 기능영역을 포함한 것

(2) ERP(ERP: enterprise resource planning)로 확장

MRP II와 같이 보통 MRP의 핵심적 기능을 가지고 있으며, 시스템을 보다 효과적으로 관리하기 위하여 조직의 서로 다른 영역간의 정보 공유를 허용하며 표준화된 기록 관리를 통합

1) ERP 특징

ERP 소프트웨어는 조직 전체의 의사결정자와 기타 사용자에게 실시간으로 데이터를 획득하고 가용하게 하는 시스템을 제공하며, 통합된 모듈로 구성(회계, 재무, 제조, 판매, 공급사슬, 인적자원관리 등) 됨

Questions on MRP 확장

01 MRP는 MRP II(Manufacturing Resource Planning), ERP(Enterprise Resource Planning) 등으로 확대 발전하였다. 2007 CPA

02 ERP(enterprise resource planning)는 기업의 목표를 달성하기 위해 기업의 전체 자원과 프로세스를 합리적으로 관리하는 통합정보시스템이다. 2010 CPA

03 자재소요계획은 전사적자원관리(ERP)가 생산부문으로 진화·발전된 것으로, 원자재 및 부품 등의 필요량과 필요시기를 산출한다. 2018 CPA

04 자재소요계획은 생산능력, 마케팅, 재무적 요소 등에 관한 조정기능을 포함한 MRP II 및 ERP로 확장되었다. 2022 CPA

6. 일정계획

(1) 의의

조직 내에서 일정계획(scheduling)은 그 조직이 보유한 자원의 정확한 사용시기를 정하는 것으로서, 설비 및 인적자원의 활용과 관련이 있음

일정계획의 계층

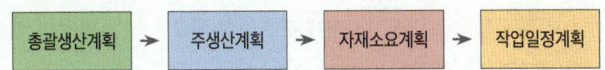

(2) 일정계획 수립

일정계획의 수립은 주로 생산물의 생산량에 의해 좌우됨. 개별작업 프로세스(job process)의 일정계획은 2가지 기본 이슈가 있는데, 하나는 작업부하를 어떻게 배분할 것인가의 문제이고, 다른 하나는 어떤 작업을 먼저 수행할 것인지 순서의 문제임

일정계획의 2가지 측면

■ Questions on 작업일정계획

01 작업일정계획(operations scheduling)은 총괄생산계획과 주일정계획에 의해 지시된 생산주문을 실행하기 위해 생산주문별 납기일과 작업소요시간에 대한 정보 등을 바탕으로 구체적인 작업 일정을 마련하는 것이다. 2011 CPA

02 작업일정계획은 설비배치의 최적화를 통해 생산비용을 최소화하고 납기를 준수하기 위한 계획이다. 2014 CPA

08 린 시스템 설계

1. 린 시스템 개요

(1) 린 시스템

린 시스템은 2차 대전 이후의 열악한 환경에 처한 일본기업의 경영방식에 부여한 명칭인데, 전체시스템 관점에서 효율적인 프로세스를 만들기 위해 고안한 생산시스템을 통칭함. 린 시스템의 일반적인 요소들을 내장하고 가장 널리 알려진 시스템이 바로 JIT(just-in-time) 시스템

■ Questions on 린 시스템 개요

01 JIT시스템은 반복적 조립생산공정에 유효하며 비교적 적은 품종의 제품을 생산할 경우에 보다 효과적으로 운영될 수 있다. 2004 CPA

02 JIT는 원자재, 부품은 물론 재공품과 완제품 재고를 최소로 유지하면서 적시에 수요를 충족시킬 수 있도록 설계된 시스템이라 할 수 있다. 2006 CPA

03 가능한 한 작은 규모의 재고를 보유하면서도 안정적인 대응을 할 수 있는 생산시스템을 갖추는 것이 오늘날의 생산관리에서는 필수적이다. 2006 CPA

04 린 생산에서 과잉재고의 보유는 작업장의 품질 문제를 숨기는 것으로 인식되고 있다. 2011 CPA

05 린 생산은 JIT를 미국식 환경에 맞추어서 재정립한 것으로 JIT의 주요 구성요소가 린 생산에서도 그대로 적용된다. 2011 CPA

2. 린 시스템 접근을 활용한 지속적 개선

(1) JIT의 철학

JIT의 철학은 단순하지만 강력한데 "여분의 재고와 용량을 잘라내고 부가가치가 없는 활동을 없애서 낭비를 제거하라"라고 요약할 수 있음

8가지 낭비

낭비	정의
과잉생산	필요하지도 않는데 미리 생산하여 재고와 리드타임을 초래하는 행위
과잉처리	단순한 기계로도 충분한데 고가의 정밀 장비를 사용하는 행위
대기	제품이 이동하지 않거나 처리되지 않고 있어서 발생하는 시간 낭비
운반	프로세스 사이의 지나치게 빈번한 물자 이동
동작	실제 작업과는 관련없는 동작
재고	과잉 재고는 작업 현장의 문제를 숨기며 공간을 차지하고, 리드타임을 늘림
불량품	품질불량은 재작업과 폐기를 초래하여 불필요한 비용 야기, 실패비용 최소화를 목표로 함
종업원의 활용 부족	종업원의 지식과 창의성을 활용하지 못하면 낭비제거 노력이 지속되지 못함

■■ Questions on 낭비제거

01 JIT시스템은 생산활동에서 낭비적인 요인들을 제거하는 것이 궁극적 목적이다.
   2004 CPA

02 JIT의 궁극적인 목표는 비용절감, 재고감소 및 품질향상을 통한 투자수익률 증대이다.
   2010 CPA

03 린 생산에서 린(lean)은 낭비 없는 생산(wasteless production)을 의미하며 생산과정에서 발생하는 어떤 유형의 낭비도 철저히 제거하자는 것이 린 생산의 핵심이다. 2011 CPA

04 적시생산시스템(just-in-time)은 비용절감, 재고감소 및 품질향상을 통한 이익의 증대를 목적으로 한다. 2012 CPA

05 적시생산(JIT) 시스템은 품질향상을 위해 품질비용 중 예방비용(prevention cost)의 최소화를 목표로 한다. 2016 CPA

06 적시생산(JIT) 시스템은 무결함(zero defect) 생산을 추구하므로 불량품이 재고에 의해 보충되도록 적정 수준의 안전재고를 유지하는 것이 중요하다. 2017 CPA

07 토요타생산시스템(TPS)은 재작업, 대기, 재고 등을 낭비의 유형으로 간주한다. 2018 CPA

(2) 지속적 개선

린 시스템은 품질과 생산성의 지속적 개선을 유도하기 위해 카이젠(Kaizen, 改善)이라는 방법을 사용. 카이젠의 핵심은 재고수준을 낮게 유지하고 시스템에 주기적으로 압박을 가하여 문제점을 파악하고 린 시스템의 요소들에 집중하는 것임

3. 린 시스템에서의 공급사슬 관련 사항

(1) 공급업체와의 유대강화

JIT 시스템은 매우 적은 재고로 운영되므로 공급업체와 긴밀한 관계를 유지하는 것이 필수적임

■ Questions on 공급업체와 유대강화

01 JIT 시스템을 안정적으로 운영하기 위해서는 신뢰할 수 있는 공급자의 확보가 필수적이다. 2006 CPA

02 린 생산을 도입할 경우 전통적인 생산시스템에 비해 공급자 수는 감소하는 대신 공급자와의 유대는 강화되는 경향이 있다. 2022 CPA

(2) 소규모 로트와 가동준비시간

1) 소규모 로트

로트(lot)란 같이 처리되는 품목의 양을 의미하는데, 린 시스템은 가능한 작은 로트크기로 생산함. 로트가 작아지면 재고수준이 낮아지고 작은 로트는 큰 로트에 비해 자재를 대기하도록 하는 시간이 짧으므로 큰 로트보다 시스템을 빨리 통과함. 또한 작은 로트는 시스템의 작업부하를 균등하게 하고 과잉 생산을 방지함

2) 가동준비시간

로트크기를 줄이면 로트가 클 때보다 종업원이나 장비의 시간 낭비가 많아지므로 작은 로트 생산을 실시하여 효과를 보려면 가동준비(setup)시간을 단축해야 함

3) 경제적 로트크기

가동준비시간이 '0'에 근접하면 이상적인 1단위 로트 크기가 가능해짐

$$Q = \sqrt{\frac{2DS}{H}}$$

위 식에서 가동준비시간이 단축되면 가동준비비용 S가 줄어들고 따라서 경제적 로트 크기 Q도 줄어듦

로트 크기에 대한 전통적 접근법과 린 시스템 접근법

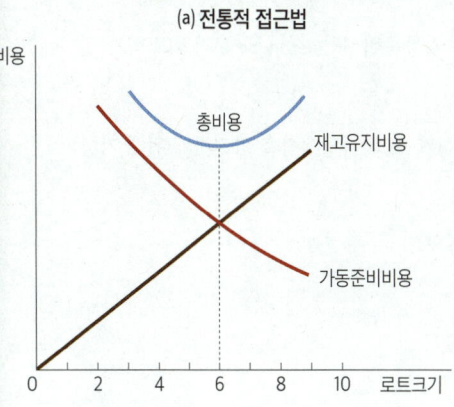
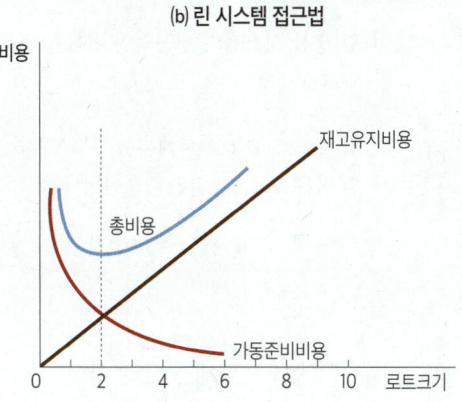

Questions on 소규모 로트

01 JIT시스템의 성공적 도입을 위해서는 제조 준비(set-up)시간의 충분한 증가가 먼저 이루어져야 한다. 2004 CPA

02 린 생산시스템에서 로트 크기를 줄이면 공정에서 발생한 품질문제를 조사하거나 처리하는 시간이 감소하게 된다. 2013 CPA

03 린 생산시스템에서 로트 크기를 줄이면 주기재고(cycle inventory)가 감소하여 재고유지비용이 낮아지고 재고 보관을 위한 공간이 줄어들게 된다. 2013 CPA

04 린 생산시스템에서 로트 크기를 줄이면 소규모의 주문을 자주 발주하게 되어 생산계획을 공급업체와 공유하더라도 채찍효과(bullwhip effect)가 증가된다. 2013 CPA

05 린 생산시스템에서 로트 크기를 줄이면 생산준비(set-up) 비용이 감소하게 되어 생산준비 횟수를 줄일 수 있다. 2013 CPA

06 적시생산(JIT) 시스템은 로트(lot)의 크기를 최대화하여 단위 제품당 생산시간과 생산비용을 최소화한다. 2016 CPA

07 적시생산(JIT) 시스템은 생산리드타임(production lead time) 단축, 생산준비시간(set-up time)단축, 생산평준화(production leveling) 등을 추구한다. 2016 CPA

1	2	3	4	5	6	7
X	X	O	O	X	X	X	O

➡ 다음장에 문제 계속

08 적시생산(JIT) 시스템은 각 제품의 수요율과 생산율을 최대한 일치시키고자 필요한 만큼씩만 생산하게 되므로 로트크기 감소를 위한 생산준비시간의 단축이 중요한 요소가 된다. 2017 CPA

09 제품 믹스(mix)의 유연성 강화를 위해 작업준비시간(set-up time)의 단축 및 차별화지연(delayed differentiation) 등을 활용해야 한다. 2017 CPA

10 린 생산 시스템의 성공적인 정착을 위해서는 가동준비시간(setup time)의 최소화가 필요하다. 2022 CPA

11 린 생산은 생산 프로세스의 작업부하를 일정하게 하고 과잉생산을 방지하기 위해 가능한 작은 로트(lot) 단위로 생산한다. 2022 CPA

4. 린 시스템에서 프로세스 고려 사항

(1) 풀 방식 업무 흐름

린 시스템은 풀 방식의 자재흐름을 채택하는데 풀 방식(pull method)이란 고객의 주문에 의하여 제품이나 서비스 생산을 개시하는 방식으로 다음 단계의 수요에 의하여 생산이 허가되고 작업물이 이동하는 것을 의미함

Questions on 풀 방식 업무 흐름

01 JIT는 자재흐름을 위해 풀(pull) 시스템을 사용하며, 제품의 가치에 공헌하지 않는 것은 모두 낭비로 규정하여 재고를 최소로 유지하는 시스템이다. 2010 CPA

02 적시생산(JIT) 시스템은 수요의 변동이 생산시스템에 미치는 영향을 최소화하기 위해 자재소요계획(MRP)을 기반으로 생산 및 통제를 실시한다. 2016 CPA

03 적시생산(JIT) 시스템은 사전에 수립된 자재소요계획에 따라 실제 생산이 이루어지도록 지시하는 일종의 풀(pull) 시스템이다. 2017 CPA

04 린 생산은 작업장의 재고를 정교하게 통제하기 위해 풀 방식(pull system)에 의한 자재흐름이 적용된다. 2022 CPA

(2) 원천적 품질 확보

고객의 기대를 일관성 있게 만족시키기 위해 원천적 품질 확보(quality at the source)라는 관행을 고수하는 것인데, 이 철학은 불량은 그 발생 장소에서 적발하고 고치자는 것임

1) 지도카

원천적 품질 확보를 위해 작업자는 자기 작업의 품질을 스스로 검사하여 불량품은 후속 프로세스에 결코 내려 보내지 않아야 하는데, 문제가 발생하면 자동적으로 프로세스를 정지하고 그 현장에서 바로 고치는 제도를 지도카(Jidoka, 自動化)라 함

2) 포카요케

포카요케(ポカヨケ, poka-yoke)는 실수방지 방법으로 그 목표는 고장이 발생하는 경우 시스템이 자동으로 정지하도록 설계하여 인간의 실수를 막거나 최소화할 수 있도록 하는 방법

3) 안돈

안돈(行燈)은 생산문제를 가시화하는 하나의 개념임. 간단히 말하면 하나 이상의 색깔 있는 전등을 조립라인이나 기계 위에 설치하는 것. 이러한 기법은 제품을 수리하거나 재작업 할 때, 부품의 결품이 나려고 할 때, 생산 중에 불량이 발견되었을 때, 비정상적인 작업이 진행될 때, 작업자에게 이상이 생겼을 때, 그 밖의 공정에 이상이 있을 때 사용함

■ Questions  원천적 품질확보

01 JIT방식은 공급원에서부터 품질관리를 한다는 원칙으로 공장의 작업자 자신들이 품질 검사자 역할을 하며 작업결과의 품질에 대한 책임을 진다. 2010 CPA

02 토요타생산시스템(TPS)은 이용률 최대화 및 재공품의 안정적 흐름을 위해, 공정에 품질 등의 문제가 발생하더라도 공정을 계속적으로 운영할 것을 강조한다. 2018 CPA

| 1 | O | 2 | X |

(3) 작업장 부하 균일화

1) 주생산계획의 안정화

린 시스템에서 주생산계획(MPS), 즉 최종 조립계획은 부하가 일정하도록 월간(또는 주간) 및 일간 수준으로 수립됨

2) 작업장의 부하 균일화

린 시스템은 개별 작업장의 1일 부하가 비교적 균등하여야 최상으로 작동하므로, 제조 프로세스에서는 매일 품종 구성과 생산량을 비슷하게 구성하여 작업장의 일별 수요를 균일하게 함. 이를 헤이준카(Heijunka, 平準化)라고 함

3) 시장 수요에 맞게 생산

린 생산시스템에서는 생산은 수요를 적시에 충족시키도록 계획되어 있기 때문에 일단 하루 생산할당량이 확정되면 초과생산이나 부족생산을 허용하지 않음

■ Questions on 작업장 부하 균일화

01 JIT시스템을 효과적으로 운영하기 위해서는 생산의 평준화가 이루어져야 한다. 2004 CPA

02 적시생산(JIT) 시스템은 생산시스템의 효율을 극대화하기 위해 생산준비 이후 동일 제품을 최대한 많이 생산하고 다음 제품으로 생산 전환을 하는 혼류생산(mixed-model production) 및 생산평준화(production leveling)를 실시한다. 2017 CPA

03 토요타생산시스템(TPS)은 생산평준화(heijunka)를 위해 지도카(jidoka), 자재소요계획(MRP) 등을 활용한다. 2018 CPA

04 린 생산은 수요변동에 효과적으로 대응하기 위해 급변하는 환경을 가정하여 설계되었다. 2022 CPA

(4) 부품·작업방법 표준화

반복성이 높은 서비스 운영에서 효율을 크게 높이려면 작업방법을 분석하고 개선안을 문서화하여 모든 종업원이 사용하게 함

(5) 유연한 노동력

다기능을 보유한 노동력은 여러 가지 작업을 수행할 수 있기 때문에 병목현상이 일어나더라도 재고에 의존하지 않고 해결하는데 도움을 주며, 질병이나 휴가로 빠진 작업자의 일을 대신 할 수도 있음. 제품이나 서비스의 고객화가 높을수록 다기능 작업자의 필요성은 더 커짐

■ Questions on 유연한 노동력

01 JIT는 작업자가 기계의 가동준비와 정비까지 할 수 있도록 보다 넓은 범위의 기술을 요구하며, 전통적인 제조방식에 비해 작업자에게 다양한 기술과 강한 팀워크를 요구한다. 2010 CPA

02 JIT는 효율성을 추구하는 것을 목표로 하여 로트(lot)의 크기를 최소로 유지하고 작업자들이 한 가지 작업에만 집중하여 숙달할 수 있도록 작업들을 가능한 한 세분화한 후 개별 작업자에게 할당한다. 2011 CPA

03 토요타생산시스템(TPS)은 전통적인 제조방식에 비해 다기능 작업자보다는 하나의 작업에 전문적인 능력을 갖춘 작업자의 육성을 강조한다. 2018 CPA

(6) 종합적 예방정비

린 시스템에서는 업무 흐름이 정교하게 조절되고 여유 용량이 작업장 간 안전재고가 거의 없기 때문에 기계의 불시정지는 혼란을 야기하게 됨. 그러므로 종합적 예방정비(TPM: total preventive maintenance)를 통하여 미리 계획된 정비 시간에 기계의 부품교체를 실시하는 편이 기계가 생산 도중에 고장 났을 때보다 쉽고 빠름

Questions on 종합적 예방정비

01 린 생산에서 기계 및 설비가 고장 나기 이전에 예방보전(preventive maintenance)을 하는 것은 자원의 낭비라고 판단하여 기계가 고장난 이후 수리를 실시하는 고장 수리(corrective maintenance)를 보다 강조한다. 2011 CPA

| 1 | X |

5. 린 시스템 배치

(1) 1인 복수기계작업 셀

1인 복수기계작업(OWMM: one-worker, multiple-machines) 셀은 한 사람의 작업자가 라인흐름의 효과를 얻을 수 있도록 한 작업장에서 여러 대의 기계를 동시에 다루는 방법

(2) 그룹 테크놀러지 셀

그룹 테크놀러지(GT: group technology)는 부품 혹은 제품들을 비슷한 특성을 갖는 것끼리 유사군(family)을 형성하여 그것들을 생산할 수 있는 기계들을 그룹화(제조셀)하는 것

GT 기법을 적용하기 전후의 공정흐름

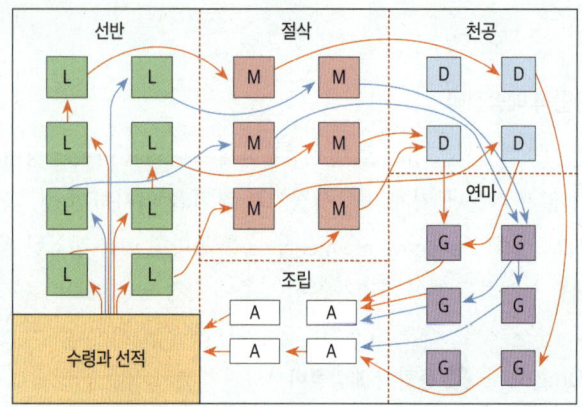

(a) GT기법을 적용하기 전의 공정흐름

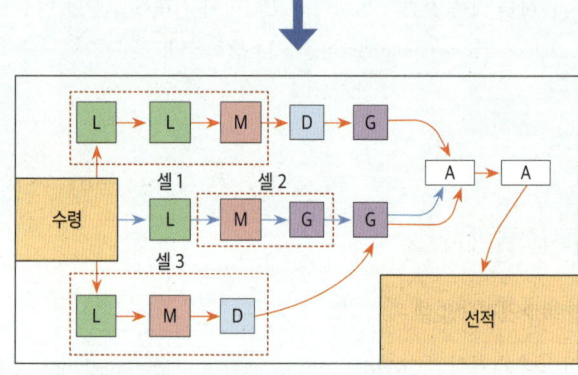

(b) GT기법을 적용한 후의 공정흐름

※ 셀배치는 공정별 배치를 유지하면서 제품별 배치의 장점을 얻는 기법이다.

Questions on GT

01 GT(group technology)는 한 사람의 작업자가 라인 흐름의 효과를 얻을 수 있도록 한 작업장에서 여러 대의 기계를 동시에 다룰 수 있게 만드는 방법이다. 2009 CPA

02 그룹테크놀로지 배치(group technology layout)는 유사한 특성 및 생산흐름을 갖는 부품들을 몇 개의 부품군으로 분류한 다음, 각 부품군에 필요한 생산설비들을 모아 제조셀로 구성하는 것이다. 2012 CPA

03 그룹테크놀러지 배치(group technology layout)를 이용하는 경우, 다양한 제품을 소규모 로트(lot)로 생산하는 기업도 제품별 배치의 경제적 이점을 얻을 수 있다. 2013 CPA

| 1 | X | 2 | O | 3 | O |

6. 칸반 시스템

(1) 개요

칸반(Kanban, 看板)은 일본말로 '카드'를 의미하며, 공장에서 생산의 흐름을 통제하기 위해 사용되는 카드를 가리킴. 생산 허가와 자재 이동을 통제하기 위하여 두 가지 유형의 칸반이 사용됨. 하나는 생산칸반(production Kanban)이고, 다른 하나는 인출칸반(withdrawal Kanban)임

칸반시스템의 작동원리

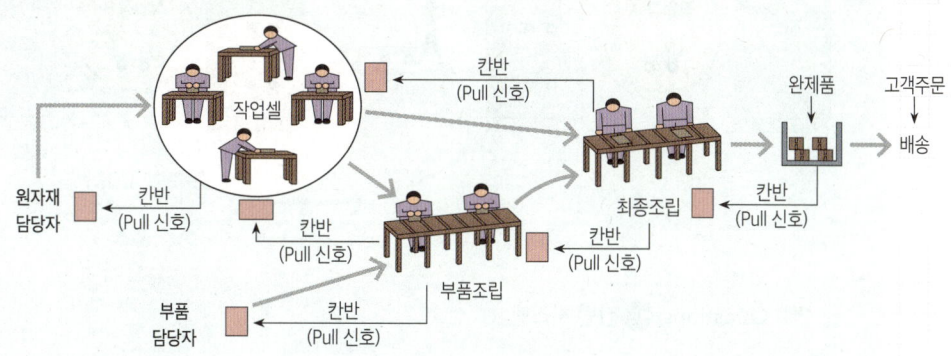

(2) 운영

칸반시스템(Kanban system)은 한 작업장에서 다음 작업장으로 부품을 적시에 끌어가기 위해 사용되는 칸반과 컨테이너로 구성된 단순하고 가시적(可視的)인 부품 인출시스템임. 칸반시스템의 목적은 부품이 더 필요하다는 신호를 보내고, 다음 단계의 제작이나 조립작업을 지원하도록 부품이 적시에 생산되도록 하는데 있음

(3) 칸반시스템의 작동

작업장 A와 B(A가 B에 공급) 사이에 8대의 컨테이너가 사용되며, 각 컨테이너는 정확하게 20개의 부품을 담을 수 있다고 가정하면, 모든 컨테이너가 채워지면 작업장 A의 생산은 중단되므로 두 작업장 간의 최대재고는 160(=8×20)개가 됨.

정상적인 경우, 3대의 컨테이너는 부품이 가득 채워진 상태로 작업장 A의 산출지역에 위치해 있고, 1대의 컨테이너는 작업장 A에서 부품이 생산되는 대로 채워지고 있음. 1대의 가득 채워진 컨테이너는 작업장 A에서 B로 이동 중이고, 2대의 가득 채워진 컨테이너는 작업장 B의 투입지역에 사용을 위해 대기 중이며, 나머지 1대의 컨테이너는 작업장 B의 생산을 위해 사용되고 있음

칸반시스템

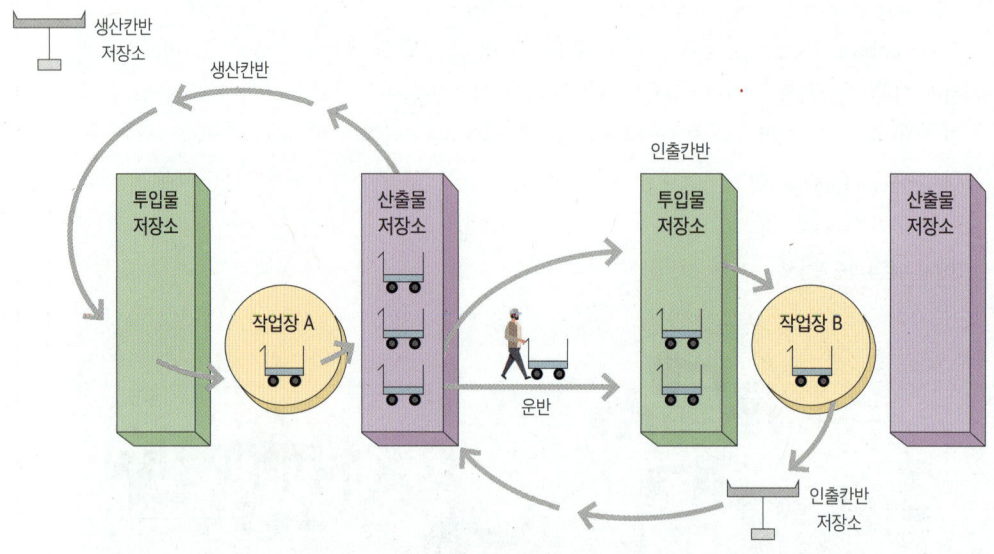

Questions on 칸반 시스템

01 간판(kanban)시스템은 JIT시스템을 지원하는 일종의 정보시스템으로서 상위 작업장으로부터의 작업흐름을 통제하는 목적으로 사용된다. 2004 CPA

02 JIT는 생산흐름을 통제하기 위한 신호수단으로 간판(Kanban)을 사용하며 비반복적이고 소규모 뱃치(batch)로 생산하는 개별주문생산공정에 적합하다. 2010 CPA

03 적시생산(JIT) 시스템에서 선후행 작업장 사이에 발생하는 재고의 양은 칸반(Kanban)의 수에 반비례하므로 칸반의 수를 최대화하고 재고를 줄이기 위한 방안을 지속적으로 강구한다. 2016 CPA

04 적시생산(JIT) 시스템은 칸반(kanban)시스템을 통해 공급자에게 소규모의 빈번한 조달을 요구해야 하므로 다수의 공급자를 유지하고 공급자와 단기계약을 체결하는 것이 중요하다. 2017 CPA

(4) 컨테이너(칸반)의 수 결정

1) 컨테이너 수

한 작업장의 운영에 필요한 컨테이너의 수는 후속 작업장의 수요율, 컨테이너의 크기 및 컨테이너의 순환시간의 함수이며 다음 공식에 의해 결정됨

$$n = \frac{DT}{C}$$

여기서 n = 컨테이너의 총 수
D = 생산된 부품을 사용하는 후속 작업장의 수요율
C = 컨테이너의 크기, 즉 컨테이너 1대에 담을 수 있는 부품의 수
T = 컨테이너 1대가 한 번 순환하는데 걸리는 시간, 즉 부품을 채우고, 기다리고,
   이동하여 사용되고, 다시 돌아올 때까지 걸리는 시간

2) 최대 재고

모든 컨테이너가 채워지면 생산은 자동적으로 중단되므로 최대재고는 다음과 같음

최대재고   = (컨테이너의 총수) X (컨테이너의 크기)
= nC
= DT

Q&A 컨테이너 수 계산

작업장 A가 작업장 B에 부품을 공급할 때, 작업장 B의 부품 수요율은 1분당 2개이고, 컨테이너 1대에 담을 수 있는 부품의 수는 25개이다. 그리고 컨테이너 1대가 작업장 A에서 작업장 B로 가서 다시 작업장 A로 돌아오는 데 걸리는 순환시간(즉, 준비시간, 생산시간, 대기시간 및 이동시간을 모두 포함한 시간)은 100분이다. 필요한 컨테이너의 수와 최대재고는?

Q&A

컨테이너의 수 $(n) = \dfrac{DT}{C} = \dfrac{2 \times 100}{25} = 8$대

최대재고 $(nc) = 8 \times 25 = 200$

7. 토요타의 집

토요타의 집은 자사의 종업원들과 공급자들에게 토요타 생산 시스템을 정의하기 위해 만든 시각적 표현을 의미함. 이를 구성하는 2가지 기둥은 JIT와 지도카(Jidoka)임

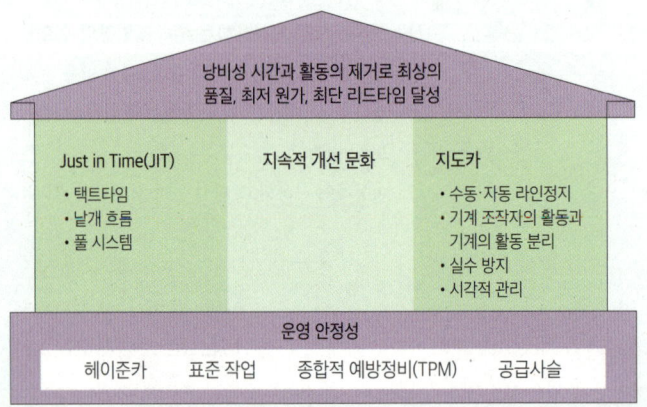

Questions on 토요타의 집

01 토요타생산시스템(TPS) 집을 구성하는 2가지 기둥은 JIT와 풀시스템이다. 2018 CPA

1	X

8. JIT와 MRP 비교

JIT와 MRP의 비교

	JIT	MRP
자재계획	pull 시스템	push 시스템
재고	줄이기 위해 가능한 모든 노력을 기울임	미래의 불확실성에 대비하여 안전재고를 유지
로트크기	꼭 필요한 양만 보충 (최소 보충량만 유지)	EOQ모형에 근거하여 로트크기 유지
조달기간	조달기간을 짧게 유지	필요한 조달기간을 인정
제조준비	제조준비시간의 최소화	제조준비시간에 대한 고려가 낮음
자재대기	자재의 대기행렬 제거	자재의 대기는 필요한 투자
공급자관계	공급자와 협력관계 유지	다수의 공급자를 통한 경쟁의 유지
품질	완전한 품질을 강조	약간의 불량을 허용
보전활동	지속적인 보전활동 수행	필요할 때만 보전활동 수행
작업자	합의에 의한 경영	명령에 의한 경영
적합한 환경	주생산계획의 안정성이 높은 반복적 대량생산	주생산계획의 안정성이 낮은 비반복적 배치 생산

Questions on JIT와 MRP비교

01 푸쉬 시스템은 납품업자와 적대적 관계이고 풀 시스템은 납품업자와 협력적 관계이다. 2001 CPA

02 푸쉬 시스템은 약간의 불량을 인정하고 풀 시스템은 무결점을 추구한다. 2001 CPA

03 푸쉬 시스템은 비반복생산의 재고관리이고 풀 시스템은 반복생산의 재고관리이다. 2001 CPA

04 푸쉬 시스템은 생산자 중심이고 풀 시스템은 소비자 중심이다. 2001 CPA

05 푸쉬 시스템은 적시생산 시스템에 적합하고 풀 시스템은 자재소요계획 시스템에 적합하다. 2001 CPA

06 전통적 생산방식은 생산성을 위해 짧은 준비시간(setup time)을 추구하나 JIT는 안정적 생산을 위해 비교적 긴 준비시간을 추구한다. 2007 CPA

07 전통적 생산방식은 다수의 경쟁적인 공급업자를 갖으나 JIT는 하나 혹은 소수의 협력적 공급업자를 갖는다. 2007 CPA

08 전통적 생산방식은 비교적 충분한 재고를 갖고 운영되나 JIT는 재고를 낭비로 보아 극소화 한다. 2007 CPA

09 전통적 생산방식은 전문화되고 개인주의적인 노동력에 기반을 두고 있으나 JIT는 유연하며 팀 중심적인 노동력에 기반을 둔다. 2007 CPA

10 전통적 생산방식은 계획 중심적이고 컴퓨터 의존적이나 JIT는 통제 중심적이며 시각적 통제를 강조한다. 2007 CPA

| 1 | O | 2 | O | 3 | O | 4 | O | 5 | X | 6 | X | 7 | O | 8 | O |
| 9 | O | 10 | O | | | | | | | | | | | | |

부록 1 : 학자와 이론

제품/시장 확장 매트릭스	단찌히 George B. Dantzig
간트차트	간트 Henry L. Gantt
제품-프로세스 행렬	해이즈 Hayes 휠라이트 Wheelright
싱고 시스템	시게오 싱고 Shigeo Shingo
제약이론 TOC: theory of constraints	골드랫 E. Goldratt
리틀의 법칙 Little's law	리틀 John D. C. Little
불확실성 프레임워크	하우 리 Hau Lee
로버스트 디자인 robust design	다구치 Genichi Taguchi

부록 2 : 필수 암기 사항

1. 경영과학

1. 선형계획법과 유사한 기법들
- 할당모형(assignment model)
- 수송모형(transportation model)
- 정수계획법(integer programming)
- 목표계획법(goal programming)

2. PERT/CPM

(1) 주경로
프로젝트의 가장 긴 경로=프로젝트의 최단 완료시간

(2) 활동소요시간 추정

$$t_e = \frac{t_o + 4t_m + t_p}{6}$$

(3) 활동여유시간
전체 프로젝트 시간을 지연시키지 않으면서 어떤 활동이 지연될 수 있는 최대시간. 주경로 상의 활동은 활동여유시간이 0임

3. 확률적 의사결정

1) 기대치(EV)
기대치가 가장 큰 대안을 선택

2) 기대기회손실(EOL)
기대기회손실이 가장 작은 대안을 선택. EV로 구한 대안과 EOL로 구한 대안은 항상 일치함

3) 완전정보의 기대치(EVPI)
완전정보 제공자에게 지불할 수 있는 최대 금액

> EVPI = 완전정보하의 기대치 − 기존정보하의 기대치

4. 비확률적 의사결정

구분	내용
MAXIMAX	최대값을 최대화
MAXIMIN	최소값을 최대화
MINIMAX	최대후회값을 최소화
Hurwicz	최대 성과액에 α를 곱하고, 최소 성과액에 $(1-\alpha)$를 곱하여 계산
Laplace	등확률 기준

5. 예측의 종류

6. 정성적 방법
- 시장조사법
- 델파이법
- 패널조사법
- 판매원 추정법
- 경영자 판단법

7. 인과형 예측기법
- 회귀분석
- 계량경제모형
- 투입산출모형
- 선도지표법
- 시뮬레이션 모형

8. 시계열 예측기법

1) 시계열 구성요소

- 평균 ⎫
- 추세 ⎬ 예측가능
- 순환요인 ⎪
- 계절적 변동 ⎭
- 불규칙 변동 혹은 우연변동 — 예측불가능

2) 시계열 자료를 활용한 여러 가지 예측기법

이동평균법

단순이동평균법은 합이 1이 되는 동일한 가중치를 부여하는 방법이고 가중이동평균법은 합이 1이 되는 서로 다른 가중치를 부여하는 방법

지수평활법

과거의 예측이 초래한 오차의 일정 부분을 다음기 예측에 반영하는 기법

$$F_{t+1} = F_t + \alpha(D_t - F_t)$$

다르게 표현하면,

$$F_{t+1} = \alpha D_t + (1-\alpha)F_t$$

9. 예측의 정확도

1) 예측오차의 척도

누적예측 오차

$$CFE = \sum E_t$$

평균오차

$$ME = \frac{\sum E_t}{n} = \frac{CFE}{n}$$

평균 제곱오차

$$MSE = \frac{\sum E_t^2}{n}$$

평균 절대오차

$$MAD = \frac{\sum |E_t|}{n}$$

평균절대비율오차

$$MAPE = \frac{\sum_{t=1}^{n} \frac{|D_t - F_t|}{D_t} \times 100}{n}$$

2) 예측오차의 해석

오차	해석
ME	평균오차가 0이면, 편의(bias)는 없음
MSE	평균제곱오차가 0이면, 예측은 완벽함
MAD	평균절대오차가 0이면, 예측은 완벽함
MAPE	평균절대비율오차가 적을수록 상대오차가 적음을 의미함

2. 생산시스템과 프로세스 관리

1. 서비스업

- 무형, 보관불가능 제품
- 산출물 재고축적 불가능
- 고객 접촉 많음
- 반응 시간 짧음
- 국지적 시장
- 소규모 설비
- 노동집약적
- 품질측정 곤란

2. 경쟁우선순위

범주	경쟁력
원가	1. 저원가 생산
품질	2. 최고 품질
	3. 일관된 품질
시간	4. 빠른 인도시간
	5. 적시인도
	6. 개발속도
유연성	7. 고객화
	8. 다양성
	9. 수량유연성

3. 제조전략

전략	내용
재고생산전략 make-to-stock	즉각적인 납품이 가능하도록 재고로 보유하는 전략(수요예측이 중요) 예 대량생산
주문조립 제조전략 assemble-to-order	재고생산전략과 주문생산 전략의 중간 예 고가의 소파제작
주문생산전략 make-to-order	고객의 사양에 맞춰 소량으로 제품을 생산하는 전략(납기관리가 중요) 예 고급주택

4. 프로세스 관리

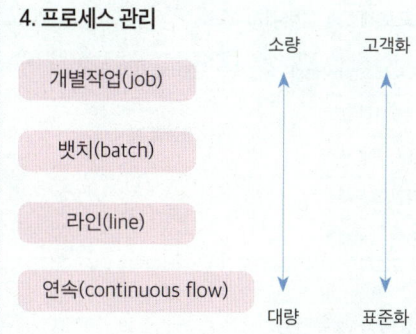

- 개별작업(job)
- 뱃치(batch)
- 라인(line)
- 연속(continuous flow)

소량 ↔ 대량, 고객화 ↔ 표준화

5. 서비스 매트릭스

고객접촉 및 고객화 정도

	저	고
노동집약도 저	서비스공장	서비스 숍
노동집약도 고	대량서비스	전문서비스

6. 설비배치

1) 설비배치 종류

- 제품별 배치
- 공정별 배치
- 위치고정형 배치
- 혼합형 배치
- 셀룰러 배치

2) 프로세스와 설비배치

프로세스(process)	설비배치(layout)
개별작업 프로세스	공정별 배치
뱃치 프로세스	
라인 프로세스	제품별 배치
연속 프로세스	

7. 효율성 vs 유연성

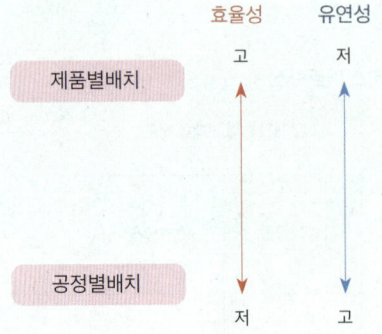

3. 품질경영

1. 품질의 차원
- 설계품질
- 적합성품질
- 가용성
- 현장 서비스

2. 품질비용

구분	항목
통제비용 (사전적)	예방비용
	평가비용(검사비용)
실패비용 (사후적)	내부 실패비용
	외부 실패비용

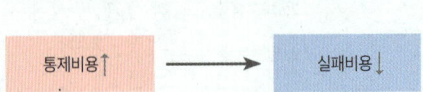

※ 통제비용을 많이 쓰면 실패비용은 줄어 듦

3. TQM

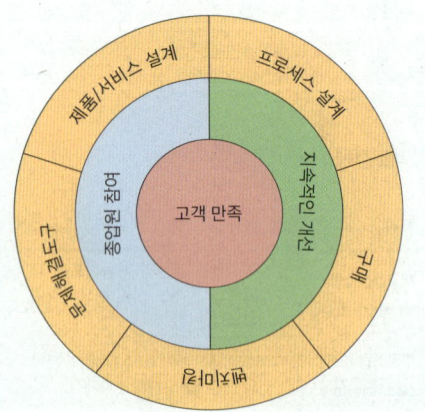

1) 지속적 개선

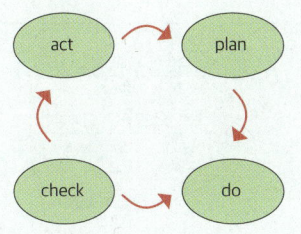

2) 문제해결도구들

파레토 도표

가장 중요한 문제영역에 집중하기 위해 발생빈도를 내림차순으로 표시한 막대그래프

인과분석도

어골도(fishbone diagram), 이사카와 다이어그램(Ishikawa diagram)이라고도 함

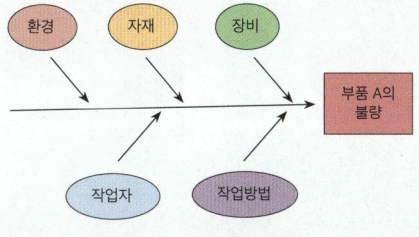

4. 식스시그마

1) 개선모형

구분	교육
정의 Define	핵심품질특성(CTQ: critical to quality)을 정의함
측정 Measure	불량의 수준을 계량적으로 측정함
분석 Analyze	불량의 원인을 파악. 소수의 핵심인자(vital few)를 추출하는 것이 중요함
개선 Improve	문제의 근본원인을 제거하고, 프로세스를 개선
관리 Control	계속해서 불량이 발생하지 않도록 체계적인 품질통제를 실시함

5. 품질의 측정

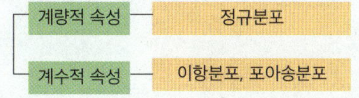

6. 통계적 품질관리

(1) 표본검사법

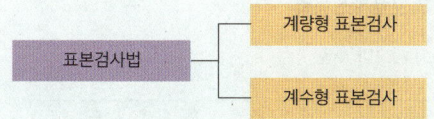

표본검사법에서 발생하는 여러 가지 상황

로트	샘플	합격 여부	오류여부
양질	양질	합격	정상
양질	불량	불합격	오류(생산자 위험)
불량	양질	합격	오류(소비자 위험)
불량	불량	불합격	정상

(2) 관리도

1) 종류

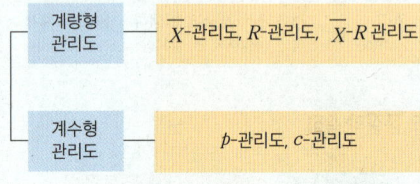

- 계량형 관리도 — $\overline{X}$-관리도, R-관리도, $\overline{X}$-R 관리도
- 계수형 관리도 — p-관리도, c-관리도

2) 변동의 원인
- 우연변동: 피할 수 없는 변동
- 이상변동: 피할 수 있는 변동

7. 프로세스 능력

1) 시그마 수준

$$시그마수준 = \frac{공정중심에서\ 규격까지의\ 거리}{공정의\ 표준편차\ (\sigma)}$$

2) 프로세스 능력비율

$$C_p = \frac{설계규격의\ 범위}{프로세스의\ 범위} = \frac{규격상한 - 규격하한}{6\sigma}$$

3) 프로세스 능력지수

$$C_{pk} = \left(\frac{규격상한 - 프로세스평균}{3\sigma}\right)$$
$$C_{pk} = \left(\frac{프로세스평균 - 규격하한}{3\sigma}\right)$$

두 값중 최소값이 C_{pk}

8. 서비스 품질

	SERVQUAL	SERVPERF
제안자	PZB	Cronin and Taylor
모델의 구성	성과 - 기대	성과
기대의 정의	규범적 기대(제공해야만 할 수준)	기대 측정 안함
측정자원	5개 차원 22개 항목	5개 차원 22개 항목

4. 생산능력관리

1. 생산능력계획

1) 생산능력 측정

$$\text{생산능력 효율} = \frac{\text{실제산출률}}{\text{유효생산능력}} \times 100\%$$

$$\text{생산능력 이용률} = \frac{\text{실제산출률}}{\text{설계생산능력}} \times 100\%$$

2) 여유생산능력(=완충생산능력)

$$\text{여유생산능력} = (100\% - \text{이용률})$$

높은 여유생산능력	낮은 여유생산능력
1. 수요의 불확실성이 높을 때 2. 고객서비스가 중요한 산업	1. 표준 제품이나 서비스 2. 자본집약도가 높은 산업 3. 생산설비의 신뢰도가 높을 때 4. 인력의 유연성이 높을 때

2. 프로세스 제약관리

① 버퍼(buffer)

작업단계간의 저장공간을 의미. 버퍼가 없는 경우 작업장애 또는 작업공전이 발생하게 됨

② 작업장애(blocking)

재공품을 작업 후 보관할 장소가 없는 경우에 작업을 어쩔 수 없이 중단해야 하는 것

③ 작업공전(starving)

선행 프로세스에서 작업물량이 원활히 공급되지 못하여 작업진행이 안되는 것

3. 라인밸런싱

1) 개념

라인프로세스가 최소의 작업장 수로 원하는 산출을 얻도록 작업을 작업장에 할당하는 과정

2) 주기시간

각 작업장에서 한 단위 생산에 허용된 최대시간

$$C = \frac{1\text{시간}}{r} = \frac{3{,}600\text{초}}{r}$$

3) 이론적 최소치

$$TM = \frac{\sum t}{c}$$

4) 총유휴시간

$$\text{총유휴시간} = nc - \sum t$$

5) 밸런스 효율

$$\text{밸런스 효율} = \frac{\sum t}{nc}$$

6) 밸런스 지체

$$\text{밸런스 지체}(\%) = 100\% - \text{밸런스 효율}$$

4. 리틀의 법칙

$$처리시간\,(T) = \frac{재공품\,(I)}{작업처리비율\,(R)}$$

$$재공품\,(I) = 작업처리비율\,(R) \times 처리시간\,(T)$$

① 작업처리비율

시스템이 단위시간당 생산할 수 있는 능력

② 처리시간

한 개의 제품이 완성되기 위해 필요한 시간의 합

③ 재공품

생산 시스템 내에 존재하는 재고

5. 공급사슬관리

1. 채찍효과

1) 개념

공급사슬의 하류에서 생긴 수요의 변화가 상류로 거슬러 올라갈수록 그 폭이 증폭되는 현상

2) 원인
- 긴 리드타임
- 수요정보의 부재
- 정보 공유의 지연
- 배치주문
- 수량할인으로 인한 선구매

2. 대량고객화
- 주문조립생산(assemble-to-order)
- 모듈화 설계
- 지연차별화(delayed differentiation)
- 채널조립(channel assembly)

3. 불확실성 프레임워크(Hau Lee)

	수요의 불확실성 저	수요의 불확실성 고
공급의 불확실성 저	효율적 공급사슬	반응적 공급사슬
공급의 불확실성 고	위험회피 공급사슬	민첩 공급사슬

4. 제품 개발 프로세스

1) 제조용이성 설계(DFM)
- 단순화
- 표준화
- 모듈화

2) 품질기능전개(QFD)

고객의 요구사항을 제품 개발 프로세스에 통합하는 구조화된 방법

3) 가치분석

기능적 요구사항은 충족시키면서 동시에 원가절감이나 보다 나은 성능을 이끌어내는 것

4) 로버스트 디자인

제품이나 공정을 환경변화에 영향을 덜 받도록 설계하는 것

5. 공급자 관계

1) 공급자 재고관리(VMI)

공급자가 고객(제조사)의 재고정보에 접근 권한을 갖는 대신 고객이 요구하는 재고수준을 유지하는 책임을 지는 것

2) 크로스도킹

공급자들이 트럭으로 지역별 창고의 여러 입하구로 상품을 수송해오면 이들 상품들을 각 소매점포의 필요에 따라 분류 및 재그룹화한 다음 보관없이 바로 실어 배송하는 시스템

6. 재고관리

1. 재고관련 비용

1) 주문비용

재고품목을 외부에서 구입할 때 소요되는 여러 가지 경비와 관리비. 주문량의 크기와 관계없이 고정비적 성격

2) 가동준비비용

재고를 기업내에서 생산하는 경우 발생하는 비용. 생산량의 크기와 관계없이 고정비적 성격

3) 유지비용

재고에 묶인 자본의 기회비용(이자), 저장시설 비용, 취급비용, 보험료, 도난, 파손, 진부화, 세금 등 재고 유지와 관련된 비용

2. 재고의 목적

- 불확실성에 대처하기 위한 안전재고
- 경제적 생산과 구매를 위한 주기재고
- 예상되는 수요나 공급의 변화에 대처하기 위한 예상재고
- 운송을 위한 운송재고

3. 완제품 재고 배치

유형	개념
집중배치	제품 재고를 모두 공장이나 창고와 같이 한 지점에 쌓아두었다가 고객에게 직접 배달하는 것. 재고통합(inventory pooling) 효과가 있음
전방배치	재고를 고객과 가까운 창고, 유통센터, 도매점, 소매점에 쌓아두는 것

4. ABC 재고관리

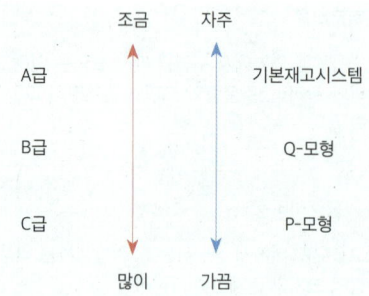

5. 경제적 주문량

1) 가정

1. 해당 품목의 수요율은 일정하고, 확실히 알려져 있음
2. 로트 크기에 제한이 없음
3. 구입단가는 주문량에 관계없이 일정함
4. 관련된 비용은 재고유지비용과 고정비용(주문비용이나 가동준비비용) 밖에 없음
5. 다른 품목과 독립적으로 의사결정함
6. 리드타임과 공급에 불확실성은 없음

2) 연간 총비용

$$\text{총비용} = \frac{Q}{2}(H) + \frac{D}{Q}(S)$$

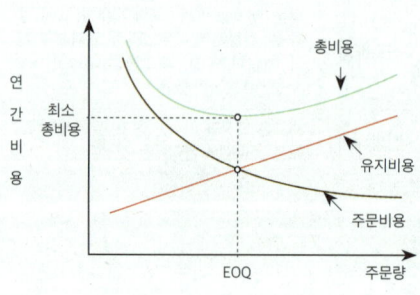

3) EOQ

$$EOQ = \sqrt{\frac{2DS}{H}}$$

6. 경제적 생산량

1) 가정

1. 단지 하나의 품목만을 대상으로 한다.
2. 해당 품목의 수요율은 일정하고 확실히 알려져 있다.
3. 수요는 계속해서 일정하게 발생하지만 생산은 주기적으로 발생한다.
4. 생산율은 일정하다.
5. 리드타임은 변하지 않는다.
6. 수량 할인은 없다.

2) 총비용

$$\text{총비용} = \frac{Q}{2}\left(\frac{p-d}{p}\right)H + \frac{D}{Q}S$$

3) 경제적 로트크기

$$\text{경제적 로트크기}(ELS) = \sqrt{\frac{2DS}{H}} \times \sqrt{\left(\frac{p}{p-d}\right)}$$

7. 독립수요와 종속수요

수 요	관리개념
독립수요	보충 replenishment
종속수요	소요 requirement

8. 재고시스템

1) Q시스템 vs P시스템

유형	고정주문량모형 (Q시스템)	정기주문모형 (P시스템)
주문시기	재고수준이 재주문점에 도달할 때	미리 정해진 주문주기의 말
주문량	일정	변함
재고수준 검토	계속 검토	주문주기의 말에만 검토
방지기간	리드타임	주문간격+리드타임

9. 단일기간 재고시스템

1) 재고관련 비용

① 재고부족비용

재고부족으로 인해 단위당 실현되지 않은 이익

$$\text{재고부족비용}(C_s) = \text{단위당 가격} - \text{단위당 원가}$$

② 재고잉여비용

유통기간 마지막에 남은 항목으로 인한 것

$$\text{재고잉여비용}(C_e) = \text{단위당 원가} - \text{단위당 잔존가치}$$

③ 서비스 수준

$$\text{서비스 수준} = \frac{C_s}{C_s + C_e}$$

여기서,
C_s = 단위당 재고부족비용
C_e = 단위당 재고잉여비용

7. 운영계획과 자원계획

1. 생산계획 간 관계

2. 총괄생산계획

1) 수요충족 기본전략

① 추종전략

수요변동에 따라 종업원을 채용 또는 해고함으로써 고용수준을 수요율과 일치시키는 전략

② 평준화전략

고용수준을 일정하게 유지하는 전략

2) 총괄생산계획에서 고려하는 비용

- 정규시간비용
- 초과근무비용
- 채용과 해고비용
- 재고유지비용
- 미납주문과 재고고갈비용
- 하도급 비용

3. 주생산계획

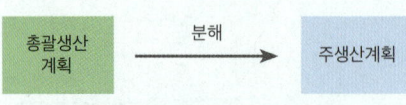

계획	대상기간	단위	대상
APP	보통 1년	월별	제품군별 생산율
MPS	보통 2개월 혹은 6~8주	주별	최종제품 생산수량

4. 자재소요계획

1) 의의

최종제품의 제조에 소요되는 원자재, 부품, 부분품 등과 같이 종속수요 품목의 재고관리에 사용되는 기법

2) 입력자료

- 주생산계획(MPS)
- 자재명세서(BOM)
- 재고기록(IR)

8. 린 시스템 설계

1. 공급사슬 관련 사항

1) 공급업체와 유대강화
소수의 공급업체와 장기적 관계

2) 소규모 로트
가능한 작은 로트크기로 생산함. 따라서 가동준비시간을 단축해야 함

2. 프로세스 관련 사항

① 풀 방식 업무 흐름

② 원천적 품질 확보
- 지도카
- 포카요케
- 안돈

③ 작업장 부하균일화
- 헤이준카

④ 유연한 노동력

⑤ 종합적 예방정비

⑥ 칸반 시스템

3. 린 시스템 배치

1) 1인 복수기계작업 셀
한 사람의 작업자가 라인흐름의 효과를 얻을 수 있도록 한 작업장에서 여러 대의 기계를 동시에 다루는 방법

2) 그룹 테크놀로지 셀
부품 혹은 제품들을 비슷한 특성을 갖는 것끼리 유사군을 형성하여 그것들을 생산할 수 있는 기계들을 그룹화하는 것

4. JIT와 MRP 비교

	자재계획	적합한 환경
JIT	pull 시스템	주생산계획의 안정성이 높은 반복적 대량생산에 적합
MRP	push 시스템	주생산계획의 안정성이 낮은 비반복적 배치 생산에 적합